KB235627

아홉 성자의
선교 이야기

아홉 성자의
선교 이야기

가톨릭문화 001

아홉 성자의 선교 이야기

1판 1쇄 펴냄 2009년 4월 15일
1판 2쇄 펴냄 2009년 4월 28일

지은이 | 김민수 (이냐시오) 신부
기 획 | 한국가톨릭문화연구원

펴낸곳 | 평사리
편 집 | 김정호
그 림 | 정선경
영 업 | 박동빈

평사리
Common Life Books

신 고 | 313-2004-172(2004. 7. 1)
주 소 | (121-856) 서울시 마포구 신수동 448-6 한국출판협동조합 B동 2층
전 화 | (02) 706-1970   팩 스 | (02) 706-1971
Homepage | www.commonlifebooks.com
e-mail | jontong@jontong.co.kr
ISBN 987-89-92241-10-6 (03230)

ⓒ 김민수(글) · 정선경(그림), 2009

* 잘못된 책은 바꿔 드립니다.
* 가격은 표지에 있습니다.

가톨릭문화 001

아홉 성자의 선교 이야기

김민수 이냐시오 신부 지음

평사리
Common Life Books

어렸을 적에 할머니 집에 가면 마당에 지하수를 끌어올리는 펌프가 있었다. 펌프에서 나오는 시원한 물은 더운 여름을 삼켜버렸다. 어느 날 펌프질을 아무리해도 물이 나오지 않았다. 한 바가지의 물, 마중물이 필요했다. 펌프에 마중물을 채우고 세차게 펌프질을 하면 땅속에 있던 물이 자석처럼 딸려 올라왔다.

이 책에 등장하는 아홉 성자는 우리 삶을 사랑과 희망, 정의와 평화, 겸손과 인내로 나가게 해주는 마중물의 역할을 한다. 어떻게 살아야 할지, 어디로 가야 할지, 영적인 목마름에 지쳐있는 우리 영혼이 해갈될 수 있도록 시공간을 초월하여 안내한다.

교회 역사를 보면, 동서양에 신앙의 귀감이 되는 훌륭한 성인들이 많다. 하지만 우리 대부분은 그들을 잘 알지 못한다. 여기서 소개하는 아홉 성자는 교회의 사명이며 존재이유인 선교를 삶으로 증거한 분들이다. 이 책이 선교를 제대로 이해하고, 이웃에게 선교를 하려는 모든 사람들에게 마중물이 되길 바란다.

이 책이 나올 수 있도록 도움을 준 평사리 출판사에 진심으로 감사드리며, 한국가톨릭문화연구원이 기획하는 작은 책 시리즈인 '가톨릭문화'의 그 첫 권이 나온 것을 기쁘게 생각한다.

"내가 복음을 선포하지 않는다면 나는 참으로 불행할 것입니다."(코린 1서 9, 16)

2009. 3. 31
역마을에서 김민수 신부

| 차례 |

3장. 세상을 향하여

1장

❋

현지인의 삶 속으로

현지인의 삶 속으로

아시아에 온 최초의 선교사

| 프란치스코 하비에르 신부 |

Frianciscus Xavier (1506-1552)

축일_ 12월 3일

프란치스코 하비에르는 정말 오랜만에 이냐시오 데 로욜라를 만났다. 이냐시오는 파리대학에서 신학을 공부한 선배였다.

"프란치스코. 제법 선생님 티가 나는군. 어때, 학생들은 가르칠 만해?"

그 무렵 프란치스코는 24살 젊은 나이에 교사로 일하고 있었다.

"그럭저럭 잘 지내고 있습니다. 선배님은 요즘 어떠세요? 요즘 루터의 종교개혁이다 뭐다 해서 교회 분위기가 어수선하던데요."

프란치스코의 말에 이냐시오는 얼굴이 사뭇 진지해졌다.

"믿음이 없는 자네도 그 얘기엔 관심이 있구만. 사실 내가 온 것은 그 얘기를 하기 위해서라네."

그 말에 프란치스코는 시큰둥했다. 사실 신앙에는 큰 관심이 없었기 때문이다.

"프란치스코. 사람이 온 세상을 얻는다 해도 영혼을 잃으면 무슨 이익이 있겠나……."

이냐시오는 교회의 잘못을 인정하면서도 영적인 삶의 중요성을 끈질기게 설득했다.

두 사람은 오랜 시간 대화를 나누었다. 루터의 종교개혁 문제로 시작한 토론은 세속적인 성공과 명예, 영혼의 구원 문제로 이어졌다.

"프란치스코. 나는 루터가 구원의 문제를 너무 단순화시켰다고 생각하네. 그는 믿음만으로 구원을 받을 수 있다고 하지만 나는 믿음과 함께 선행이 따라야 한다고 생각해. 루터는 은총만으로 구원을 받을 수 있다고 하지만 나는 은총과 함께 인간의 노력이 필요하다고 생각하네."

이냐시오의 말에는 거부할 수 없는 어떤 힘이 숨어있었다. 프란치스코는 점점 반박할 기운을 잃고 이냐시오의 말에 빠져들었다.

그날 이후 프란치스코는 진지하게 자신을 되돌아보았다.

'그동안 내가 세속적인 성공에만 너무 매달렸군. 진정한 삶의 의미는 찾지 못하고 말야……'

며칠 뒤. 프란치스코는 이냐시오를 찾아갔다.

“선배님. 제 영혼을 깨워주셔서 감사합니다. 저는 늘 성공과 명예를 꿈꿨어요. 귀족 출신에 명문대를 나왔으니 주위의 기대도 컸지요. 그런데 선배님을 만난 후로 가슴 한 구석이 텅 빈 것 같았어요. 그것이 영적인 목마름이었다는 걸 깨달았습니다…….”

프란치스코는 진솔하게 고백하고, 그리스도를 향해 마음을 열었다.

“프란치스코 형제. 진심으로 환영하네.”

이냐시오는 프란치스코를 끌어안으며 기뻐했다.

그 뒤로 프란치스코는 이냐시오의 지도 아래 영적 훈련을 했고, 사도직을 서원하여 ‘온 세상에 가서 복음을 전하라’ 는 소명을 받았다.

프란치스코는 아시아에 온 최초의 선교사였다.

이냐시오 로욜라를 만나다

프란치스코 하비에르는 1506년 스페인 북부 바스크 지방의 팜플로나 교외에 있는 하비에르 가문의 성에서 귀족의 아들로 태어났다. 당시 스페인은 전쟁과 재난이 끊이질 않아서 사람들의 삶은 나날이 참혹해졌다.

하비에르 가문 역시 쇠락의 길로 접어들었다. 하지만 부모는 프란치스코를 파리에 보내 대학에 다니게 했다. 프란치스코는 힘겨운 환경에서도 열심히 공부했고, 마침내 1528년에 철학과 신학 박사 학위를 받았다. 그것은 프란치스코가 그리 멀지 않은 미래에 대학교수나 대정치가가 되어 명예와 부를 거머쥐게 되리라는 것을 의미했다.

그때 스페인 로욜라 출신의 이냐시오(Ignatius de Loyola, 「예수회」 창립자)도 같은 대학에 다녔다. 두 사람은 절친한 사이였는데, 하루는 이냐시오가 프란치스코에게 물었다. '사람이 온 세상을 얻고도 제 목숨을 잃으면 무슨 소용이 있겠느냐?' (마태 16,26)는 성경 구절을 인용하여 '인간이 가져야 할 진정한 꿈이 무엇이냐?' 고 프란치스코에게 물은 것이다.

그때 이냐시오는 새로운 수도회를 세우기 위해 능력 있고 경건한 동료를 물색하던 중이었다.

24세의 청년 철학 교사 프란치스코는 처음에는 이 물음을 가볍게 받아넘겼다. 그에게는 성공과 명예와 특권이 보장된 장밋빛 미래가 펼쳐져 있었기에 '삶의 의미'나 '진정한 꿈'은 그의 관심사가 아니었다.

그런데 그 뒤로 프란치스코는 영문 모를 갈등과 고민에 빠져들었다. 그 과정에서 이냐시오의 물음에 참으로 엄숙한 진리가 들어 있음을 깨달았다. 마침내 프란치스코는 이냐시오를 '영적 아버지'라 부르며 그에게 영적인 삶의 지도를 부탁했다. 그리고 두 사람은 1534년에 「예수회」를 설립하고 첫 회원으로서 서원을 하였다.

프란치스코와 이냐시오는 첫 서원에서 약속한 팔레스티나 성지 순례를 위해 이탈리아로 향했다. 그러나 두 사람의 순례 여정은 마침 벌어진, 이슬람 세력 터키와 그리스도교 세력 베네치아 사이의 전쟁 때문에 실행되지 못했다.

프란치스코는 이탈리아에 머물렀다. 그리고 그곳에서

1537년에 이냐시오와 다른 4명의 회원들과 함께 사제품을 받았다. 그리고 「예수회」는 1540년에 교황 바오로 3세에 의해 공식 수도회로 인가를 받았다.

인도, 말라카, 몰루카, 모로타이, 일본에 가다

당시 세계열강 포르투갈은 해외 식민지 확장에 열을 올리고 있었다. 그것이 프란치스코에게는 아시아에 갈 기회가 되었다.

포르투갈 왕은 아시아로 출정하는 원정대에 선교사들이 동승하기를 원했다. 그 요청을 이냐시오에게 해온 것이다. 이냐시오는 포르투갈 왕의 요청을 받아들여 예수회원 두 사람을 보내기로 결정했다. 그 두 사람 가운데 한 명이 프란치스코였다.

1541년 마침내 프란치스코는 교황 바오로 3세의 사절로서 인도에 파견되었다. 「예수회」의 첫 해외 선교사 파견이었다.

당시에 해외로 나가는 것은 미리 유언장을 써놓고 길을

떠날 정도로 위험한 일이었다. 무엇보다도 뱃길이 위험했고, 각종 질병과 추위 그리고 음식, 무엇 하나 위험하지 않은 것이 없었다. 그때의 심정을 프란치스코는 이렇게 회상했다.

"세상의 모든 황금을 준다고 해도, 단 하루도 그런 생활을 되풀이하고 싶지 않다. 하지만 난 복음을 전하기 위해서 모든 것을 견뎌냈다."

우여곡절 끝에 프란치스코는 인도 중서부 고아에 도착하였다. 고아에서 그가 처음으로 한 일은, 5개월 동안 병자와 죄수들을 찾아 보살피는 일과 어린이들을 대상으로 한 신앙교육, 그곳 포르투갈 사람들의 비도덕성을 바로잡는 일이었다.

그 후 프란치스코는 인도 남단 타밀나두에 있는 코모린 곶에서 3년을 지내며 복음을 전하였다. 1545년에는 말레이시아의 말라카에서, 1546~1547년까지는 뉴기니에 인접한 몰루카 제도와 필리핀에서 가까운 모로타이 섬에서 선교 활동을 펼쳤다. 그리고 1549년에는 일본까지 진출하였다.

그는 동남아시아 선교에서 큰 성과를 올렸다. 그러나 일본에서는 영주와 불교 신자들의 반대에 부딪혀 고전을 면치 못했다.

선교 초기 프란치스코는 포르투갈과의 교역을 원하는 일본 영주 요시타카의 도움으로 선교 허락을 받았다. 그는 거리설교와 학자, 불교 고승들과의 토론으로 선교 활동을 시작했고, 야마구치에서 아시카가대학 출신 박학 스님을 개종시켜 사람들에게 큰 충격을 주었다. 그것이 일본 불교 신자들의 거센 반발을 불러 일으켰다.

그 일보다 더 선교를 어렵게 만든 것은 일본 영주들의 부도덕한 생활이었다. 그들은 프란치스코가 "우상 숭배, 부도덕하고 문란한 사생활을 그만 두라"고 질책하자 안색이 바뀌었다.

'선교의 수호성인' 이 되다

일본 선교가 난관에 부딪치자 프란치스코는 문득 '먼저 중국을 복음화하면 일본은 어렵지 않게 그리스도교 국가가 될 것' 이라는 생각을 하게 되었다.

　1551년 11월, 그는 곧바로 실행에 옮겨 중국 광동 지방이 눈앞에 바라보이는 한 상천도에 도착했다. 그는 중국인 한 어부에게 돈을 주고 도움을 요청했다. 그의 배를 타고 중국에 밀입국하려고 한 것이다. 하지만 그 어부는 돈만 챙기고 약속 장소에 나타나지 않았다.

　상천도에 머무는 사이 곧 추운 겨울이 닥쳐왔다. 섬을 오가는 배도 끊겨서 다른 배를 구하려는 노력도 허사였다. 섬에 있는 사람들이라곤 몇몇 신자들뿐이었다.

　그 와중에 프란치스코는 폐렴에 걸렸는데, 안타깝게도 그 병이 오랜 선교 활동의 발목을 잡았다. 1552년 12월 3일, 그는 상천도의 작은 오두막에서 중국의 복음화를 기원하며 조용히 눈을 감았다. 폐렴이 악화되어 선종한 것이다.

　프란치스코 하비에르 신부는 선교에 대한 투철한 소명 의식과 뜨거운 열정, 온갖 박해에도 굴하지 않는 강인한 신념을 지닌 선교사였다. 그러했기에 그는 상상할 수 없는 먼 거리와 지역을 다니며 수많은 위험과 역경을 극복하였다. 어떤 때는 성무일도(매일 정해진 시간에 하느님을 찬미하는, 교회의 공적이고 공통적인 기도)를 바치거나 잠잘 시간조차 없을 정도로 바쁘게 지내며 오로지 복음을 전하는 데 전념했다.

그렇게 치열하게 선교 활동을 한 결과, 프란치스코 하비에르 신부가 개종시킨 교우는 10만 명에 달했다고 추정한다. 그는 흔히 바오로 사도에 버금가는 위대한 선교사로 불린다. '인도의 사도', '일본의 사도' 라고 불리는 그는 1622년에 시성되었고, 이후 '인도의 수호성인', '선교의 수호성인' 으로 선포되었다.

새롭고 다채로운 토착화 사례들

처음 인도에 도착했을 때, 프란치스코는 막상 어떻게 복음을 전해야 할지 막막했다. 당시의 해외 선교의 방식이 총칼과 군대를 앞세운 강압적인 개종 방식이었다면, 프란치스코의 방법은 현지 사람들과 더불어 생활하며 그들의 아픔을 함께 나누는 것이었다.

프란치스코는 가는 곳마다 가장 가난한 사람들과 함께 어울렸다. 그들의 초라한 음식을 함께 먹고 누추한 잠자리에 함께 누웠다. 병든 사람들, 특히 나병 환자들과 많은 시간을 보냈다. 그에게 선교란 원주민에게 세례를 베푸는 것이자 고통 받는 이들을 돌보는 일이었다.

선교사로서 프란치스코가 강조한 것은, 사람들을 먼저 사랑함으로써 그들의 사랑을 받도록 하자는 것이었다.

인도에서 프란치스코는 작은 종을 들고 다니면서 흔들었다. 사람들은 종소리를 듣고 그에게 다가와서 복음을 받아들였다.

말라카에서는 아주 허름한 초막을 짓고 살았다. 밤에는 초막 안에서 촛불을 켜고 오랫동안 기도했고, 낮에는 거리에서 말라카 말로 설교를 했다.

몰로카에서는 주민들이 노래 부르기를 무척 즐기는 것을 알고 교리와 기도문을 노래로 지어서 부르게 했다. 먼저 어린 아이들에게 노래를 가르치고, 그 아이들이 부모와 이웃 앞에서 부르게 했다. 주민들은 자신의 언어로 노래를 부르면서 그리스도교 교리와 기도문을 자연스럽게 습득하였다.

일본에서는 당장 세례자를 많이 배출하기보다 천황 알현

을 위해 권력자인 영주들과 불교계와 지식인들을 사귀는 데 초점을 맞췄다. 숱한 박해와 경멸, 조롱을 받았지만 프란치스코는 과감하게 수도복을 벗고 일반 옷을 입었다. 마침내 그는 황실을 방문하여 선물을 하기에 이르렀다.

프란치스코의 선교 방식은 효율적인 교리 교육 방식을 활용하여 선교의 효과를 높였을 뿐 아니라, 선교의 토착화를 꾀한 좋은 사례다.

다른 문화와 종교를 존중하고 포용하다

얼마 전에 아프가니스탄에서 한국 개신교 젊은이들이 탈레반에 피랍되어 세상을 놀라게 한 적이 있다. 이 사건은 신앙인이든 비신앙인이든 모두에게 선교의 진정한 의미를 되새겨 보는 기회가 되었다.

그 피랍사건의 배경에는 '선교지상주의' 라는 배타적이며 정복적인 선교가 자리 잡고 있다.

선교란 무엇인가? 어떻게 해야 하는가?

타 문화와 타 종교를 완전히 부정하고 자신의 신앙을 타인에게 강요할 경우, 예수님의 사랑은 공허해질 수밖에 없다.

한국 천주교회도 초창기에 그런 선교 방식으로 조상 제사를 금하였고, 그것이 결국 100여 년에 걸쳐 엄청난 박해의 역풍과 순교를 불러일으킨 아픈 역사를 가지고 있다.

올바른 선교는 타 문화를 존중하고 포용하며 봉사와 나눔을 실천하는 것이어야 한다. 이런 포용적 선교 방식을 이미 프란치스코 사제는 보여주었던 것이다.

또한 프란치스코 사제가 감당하기 어려운 위험과 난관을 헤치고 복음을 선포할 수 있었던 힘은 무엇보다도 기도였다. 그는 밤낮으로 하느님의 힘을 얻기 위해, 하느님의 거룩한 뜻을 수행하기 위해 기도를 했다. 그를 통해서 '선교사는 기도하는 사람' 이라는 도식을 발견할 수 있다.

마지막으로, 인도와 일본의 사도인 프란치스코 하비에르 사제가 오늘날 아시아 선교의 모델이 되기를 기대한다. 복음을 전하고 복음적인 삶을 살고자 하는 우리에게도 영적인 모델이 되기를 희망한다.

중국인보다 더 중국을 사랑한 선교사

| 뱅상 레브 신부 |

Vincent Lebbe (1877-1940)

축일_6월 24일

1920년 경 어느 날. 중국 천진의 성당에 새로 주임신부가 왔다.

마침 대축일을 맞이하여 중국인 신자들이 미사를 드리러 왔는데, 한 사람이 눈이 휘둥그레져서 말했다.

"아니, 저게 뭐야? 성당에 우리나라 오색기가 걸려있네."

"어머, 정말!"

성당에는 늘 프랑스 국기가 걸려 있었는데, 오색기가 성당을 배경으로 펄럭이는 광경은 낯설고 뜬금없어 보였다.

신자들이 놀랄 일은 또 있었다. 성당 마당 가득 음식이 차려져 있었던 것이다.

"어머! 웬 음식을 저렇게 많이 차려놓았지?"

그때 새로 온 주임신부가 모습을 드러냈다.

"어서 오세요, 형제자매 여러분. 오늘은 대축일입니다. 여러분과 함께 먹으려고 열심히 음식을 차렸습니다."

주임신부의 말에 신자들은 또 한 번 놀랐다.

"신부님이 우리와 함께 식사를 하시겠다고?"

신자들은 어떻게 그럴 수가 있느냐며 식탁에 다가서진 못하고 서로 멀뚱멀뚱 쳐다보기만 했다. 신부와 같이 식사를 한다는 건 상상도 못해봤기 때문이었다. 그때까지 중국인 신자들은 신부가 식사할 때 하인처럼 곁에 서서 시중을 들어야 했다. 그들은 그것이 하느님의 종에 대한 당연한 의무라고 생각했다.

"아니, 뭣들 해요. 빨리 와서 앉지 않고……."

주임신부는 보채다 못해 신자들에게 다가가 일일이 손을 잡아끌었다.

그제야 신자들은 못 이기는 척 주춤주춤 식탁에 다가섰다. 그러고도 서로 눈치를 살피며 선뜻 의자에 앉지 못했다. 그럴 수밖에 없었던 것이, 주임신부의 행동이 너무 파격적이었기 때문이다.

그들이 만난 서양인 선교사들은 중국을 미개한 나라로 여겼고, 중국인을 야만인으로 취급했다. 그런데 새로 온 주임신부는 여느 선교사와 달랐다. 하지만 성당에 중국 오성기를 걸고, 식사까지 같이 하자고 할 줄은 몰랐던 것이다.

그들을 향해서 주임신부는 유창한 중국어로 말을 했다.

"여러분. 우리는 모두 하느님 안에서 형제입니다. 프랑스 인이건 중국인이건, 하느님은 그것을 구분하지 않으십니다. 여러분들이 서양인 신부를 어떻게 생각하는지 그것은 내 뜻 도 아니고 하느님의 뜻도 아닙니다. 나는 중국과 여러분의 문화를 존중하고, 여러분보다 더한 중국인이 되기 위해 노 력할 것입니다."

그러면서 주임신부는 다시 신자들의 손을 잡아끌었다. 그 제야 중국인 신자들은 의심의 눈빛과 부담감을 거두고 환하 게 웃었다. 어떤 신자는 가슴이 뭉클해서 눈물을 흘리기도 했다. 그들은 주임신부의 진심어린 말에 큰 위로와 감동을 느끼고 있었다.

그 주임신부의 이름은 뱅상 레브였다.

중국으로 건너가다

뱅상 레브 신부는 1877년 8월에 벨기에에서 2남1녀 중 맏이로 태어났다. 그는 열한 살 때 라자로 수도회 소속 선교사 가브리엘 페르보이레의 전기를 읽고 자신도 중국에 가서 선교하겠노라고 결심했다.

이렇듯 일찍부터 선교사의 꿈을 꾼 레브는 선교 수도회인 라자로회의 설립자 빈센트 드 폴(Vincent De Paul) 성인을 존경했고, 훗날 그 이름(빈센트)을 자신의 수도명(뱅상, Vincent)으로 삼았다.

수도회에 들어간 레브는 사제가 되기 위해 신학을 공부했다. 그런데 갑자기 그의 시력이 약해졌다. 온갖 치료를 다해 보았지만 회복되지 않았다. 결국 레브는 성직자의 길을 포기해야 했다.

때마침 레브는 유럽에 온 북경 주교를 만났다. 그 주교로부터 레브는 중국으로 초청을 받았다.

1900년에 중국에 간 레브는 이듬해부터 신학교에서 강의를 하게 되었고, 그의 강의는 명강의로 호평을 받았다.

그 성과를 인정해서 주교는 레브에게 사제품을 주기로 결
정했다.

레브는 1901년 10월에 사제품을 받았다. 그런데 시력이
약한 탓에 성무일도를 면제받았고 대신 묵주기도를 열심히
바쳤다. 그는 각종 기도문과 미사 경본도 모조리 외워 날마
다 미사를 봉헌했다. 그런데 신기하게도 레브 신부의 시력
이 차츰 회복되어갔다.

천진운동을 이끌다

레브 신부는 중국인들을 진심으로 사랑했고, 중국인들도
그를 사랑했다. 그의 세례를 받은 중국인 신자 수가 급격하
게 늘어났던 것은 중국인보다 더 중국인다워지려는 그의 숨
은 노력이 있었기 때문이다.

1906년에 레브 신부는 중국 북부에서 두 번째로 큰 도시
인 천진의 지구장 사제로 임명되었다. 천진은 복음이 갓 전
해진 곳이었으나, 레브 신부는 얼마 후 그 도시를 중국 전체
교회를 선도하는 도시로 끌어올렸다.

그의 선교 활동은 '천진운동'으로 불렸다. 그것은 일반 평민을 계몽하는 데 목적을 둔 가톨릭 운동이었다. 레브 신부는 대강당을 활용하여 특강을 조직하거나 일간지 《익세보》를 창간하는 등, 선교 활동을 교회 틀 안에 가두지 않고, 현실 사회와 활발히 소통하는 방식으로 확 바꿨다.

또한 새롭게 변모하고 있는 중국이 하느님의 복음에서 변화의 원동력을 찾기를 바랐고, 평신도를 '천진운동'의 주체로 내세웠다.

이런 새로운 선교 방식은 기존의 방식을 고수하던 외국 선교사들의 심한 반발을 불러일으켰다. 레브 신부에 대한 비난과 불평이 날로 높아졌다. 그는 결국 전혀 다른 언어를 사용하는 중국 남부로 쫓겨났고, 곧이어 유럽으로 송환되었다.

전진상(全眞常)을 말하다

레브 신부의 중국에 대한 사랑과 관심은 유럽에 돌아가서도 계속되었다. 그는 해외 선교 활동을 돕기 위해 두 단체를 설립하는 기초를 닦았다. 하나는 선교지에서 주교를 도와 봉사할 사제들로 구성된 SAM(벨기에 외방선교회)이고, 다른 하나는 역시 같은 뜻을 품은 여성들로 구성된 AFI(국제 가톨릭 형제회, 현재는 남녀 혼성으로 운영되고 있음)이다.

레브 신부는 두 단체의 활동 이념이자 목표를 정립하였다. 그것이 바로 전진상(全眞常)이다. 전진상이란 '온전한 희생(全犧生)', '참다운 이웃 사랑(眞愛人)', '끊임없는 기쁨(常喜樂)'이라는 복음적 영성을 함축한 개념이다.

교황을 알현한 자리에서 레브 신부는 중국 교회의 발전을 위해서 중국인 주교 임명이 절실하다고 간청했다. 그 결과 1926년에 중국인 주교 6명이 임명되었다.

이때 서품된 주교 가운데 한 사람이 레브 신부에게 중국으로 가서 함께 일하자고 제안해 왔다. 다시 중국에 갈 수 있는 길이 열린 것이다.

중국인 사제들이여, 일어나라!

중국에 돌아온 레브 신부는 1927년에 중국인으로 완전히 귀화하고, 이름을 뇌명원(雷鳴遠, '멀리 울리는 뇌성'이란 뜻)으로 고쳤다.

내친 김에 중국식으로 수도생활을 하는 중국인 수도자 양성을 꾀하였다. 사막의 은수자보다 더 엄격하고 철저하게 생활하면서, 어린이와 같은 천진함으로 만나는 이들에게 평안과 위로를 주는 수도자를 양성하고자 했다.

그 결과 1928년 12월에 먼저 남자 수도회인 '세례자 요한 소형제회'를 설립했고, 얼마 뒤에 여성들을 위해 '가르멜 수도회'와 선교 수도회 형태를 결합한 '데레사 수녀회'를 설립했다.

나아가 레브 신부는 중국 교회가 중국의 전통과 문화를 기반으로 중국인에 의해 세워져야 한다고 생각했다. 그래서 교회에 물질적 도움을 기대하는 중국인 신자들과 서양 선교사들의 보조 역할에 머물러 있는 중국인 사제들에게 스스로 일어설 것을 요청했다. 뿐만 아니라, 중국 교회의 토착화와 자립을 뒷받침하기 위해 신문을 창간하고 가톨릭 단체들을 조직했다.

일본군이 현상금을 내걸다

레브 신부는 중국의 항일전쟁에도 협조했다. 1937년에 중일전쟁이 일어났고, 중국군은 수세에 몰렸다.

레브 신부는 세례자 요한 소형제회 소속의 수도자와 민간인 2~3백 명을 모아 위생부대를 조직하였다. 그리고 전장으로 뛰어들어 무려 1만여 명에 이르는 부상병의 생명을 구했고, 죽음을 눈앞에 둔 병사들에게는 세례를 베풀어 평온한 마음으로 임종하게 하였다.

또한 레브 신부는 전국을 돌며 계몽정신과 애국정신을 일깨우는 강연을 했다. 그런 그를 일본군은 현상금까지 걸고 체포하려 하였다.

아쉽게도 레브 신부는 자신이 그토록 사랑한 중국인들로부터 뼈아픈 일을 당했다.

당시 레브 신부는 국민당과 대립 중이던 공산당의 비인간적 만행을 보고, 《익세보》 지면을 통해 비난했다. 그러자 공산주의자들은 레브 신부를 납치하여 감금하고, 세례자 요한 소형제회 수사 12명을 생매장하였다.

　수감생활이 길지는 않았지만 모질었던 탓인지, 레브 신부
는 풀려난 지 얼마 안 된 1940년 6월에 죽음을 맞이했다.

중국옷을 입은 중국 교회를 만들다

　레브 신부가 펼친 선교관은 혁신적이었다. 당시 프랑스
정부는 중국에 대하여 호교권이 있었다. 호교권이란, 중국
내에서 활동하는 모든 해외 선교사와 중국인 신자들에 대한
법적 보호권을 말한다. 유럽 정부들은 이 호교권을 빌미로
중국을 간섭해 왔다.

　중국 내 유럽 선교사들은 호교권을 방패삼아, 중국인에게
그리스도에 대한 사랑과 종교 지식 이외에도 유럽적인 것을
사랑하도록 세뇌시켰다. 유럽 선교사들은 중국인을 열등한
인종으로 여겼고, 중국인 사제들을 자기들 휘하의 보좌 자
리에만 한정시켰다.

　레브 신부는 달랐다. 피부색 말고는 중국인과 서양인이
다를 것이 없다며 서양인들의 문화적 우월주의를 비판했다.
레브 신부는 유다인들 속에서는 유다인처럼 살고 이방인들

속에서는 이방인처럼 살면서 복음을 선포한 사도 바오로를 모델로 삼았다.

후대 중국인들에게 뱅상 레브 신부는 자기들보다 더 중국인답고 자기들보다 더 중국을 사랑한 사제, 완전한 중국인으로 살다가 중국에 묻힌 선교사로 기억된다.

그는 중국 복음화뿐만 아니라 현대 중국의 민족주의 형성에도 지대한 영향을 끼쳤다. 비록 당대 사람들, 특히 새로운 선교 패러다임에 대한 통찰이나 이해 없이 기존의 방식을 고집했던 동료 선교사들과 대립하고 갈등했지만, 새로운 선교관을 제시하기 위해 그가 보여준 끝없는 인내와 순명, 지혜와 결단은 우리에게 귀감이 되고 있다.

뱅상 레브 신부는 분명 중국 선교와 중국 교회를 위해 시대를 앞서간 선구자요 예언자였다. 그를 예언자로 살게 한 것은 현실을 정확하게 읽어내는 능력, 즉 시대의 징표를 식별할 수 있는 힘이었다.

그는 시대와 사회가 어떻게 변했고 무엇을 필요로 하는지를 명확히 간파했고, 그 상황에 맞는 하느님의 소명이 무엇인지를 알았다. 그것은 바로 선교였다.

뱅상 레브 신부는 그 소명을 완수하기 위해 '전진상' 정신으로 투신했고, 남다른 패러다임을 실행했다. 그런데 그는 너무나 갑작스레 죽음을 맞이했고, 중국 복음화에 큰 아쉬움을 남겼다.

어떤 이는, "뱅상 레브와 같은 선교사가 세 명만 있었더라도 중국 복음화는 완성되었을 것"이라고 말했다. 그래서 그의 죽음이 더욱 안타깝고, '뱅상 레브' 라는 한 선교사가 중국에 끼친 영향이 크게 느껴진다.

매스컴을 통한 선교의 선각자,

| 막시밀리아노 마리아 콜베 신부 |

Maximiliano Maria Kolbe (1894-1941)

축일_ 8월 14일

1차 세계대전 막바지였던 1918년 4월 28일.

스물네 살의 청년 막시밀리아노 콜베는 창백한 얼굴로 모처럼 환하게 웃었다. 마침내 사제품을 받은 것이다. 결핵을 앓으면서도 학업을 중단하지 않은 보람이었다.

콜베 신부는 가슴이 부풀었다. 오래 동안 계획해온 선교활동을 드디어 시작하게 된 것이다.

그는 새로운 선교 방식으로 신앙잡지 창간을 준비해왔다. 사람들이 전쟁과 일자리 소식을 신문을 통해 얻는 걸 보면서, 그는 선교의 도구로 잡지를 생각했다.

"교회는 문명의 이기를 많이 사용해야 해. 신문이나 잡지, 라디오를 활용하면 하느님 말씀을 더 널리 선포할 수 있어."

하지만 콜베 신부의 계획에 동료 수사들의 반응은 냉담했다.

"막시밀리아노. 어떤 바보가 하느님의 말씀을 종이쪼가리에서 얻으려고 하겠나. 주님의 말씀은 성직자의 입을 통해서 전달되어야 하는 거야."

콜베 신부는 뜻을 굽히지 않았다. 그리고 1922년에 혼자 힘으로 《원죄 없으신 성모의 기사》라는 잡지를 창간했다.

그러자 수도원 장상들은 미심쩍은 눈총을 보냈다. 수도원에 관한 불미스러운 기사라도 실을까봐, 의심했던 것이다.

결국 《원죄 없으신 성모의 기사》는 자리를 잡지 못했다. 게다가 만성적인 두통과 폐결핵이 심해져서 콜베 신부는 폴란드 동쪽 황무지 그로드노로 쫓겨나듯 요양을 갔다.

그런데 그로드노는 그에게 기회의 땅이었다. 아무 눈치 보지 않고 자유롭게 글을 쓰게 되자 《원죄 없으신 성모의 기사》는 큰 성공을 거두었다. 창간 2년 만에 1만2천 부를 발행하고, 4년째인 1926년에는 4만5천 부를 발행했다. 그때는 경제 불황으로 대형 출판사도 파산하는 상황이었다.

어느 날 신문사에서 성공의 비결을 묻는 인터뷰 요청이 들어오자, 그는 이렇게 말했다.

"나에게는 협력자도 돈도 뛰어난 문학재능도 없습니다. 나는 다만 언론매체에 주목했고, 솔직담백한 문체로 말씀을 전했을 뿐입니다."

언론매체를 선교 활동에 활용한 콜베 신부의 계획은 멋지게 적중했다. 그 무렵 사람들은 먹고사는 일에 발목이 잡혀

성당을 자주 찾지 못했고, 일하면서 틈틈이 읽는 《원죄 없으신 성모의 기사》는 사람들에게 큰 위로와 희망을 주었던 것이다.

하지만 그때까지도 콜베 신부의 잡지 사업은 만성 적자에 허덕였다. 돈을 받고 파는 잡지가 아니었기 때문이다. 그런데 예기치 않게 작은 기적들이 연달아 생겼다. 어려울 때마다 익명의 독자가 돈을 보내왔고, 폴란드에 여행 온 미국 신부는 인쇄기 마련에 거금을 보탰다. 1927년에는 드루츠키 공작이라는 독지가가 폴란드 수도 바르샤바 근교의 땅을 기부했다.

콜베 신부는 그 땅에 '니에포칼라누프'(원죄 없으신 성모의 마을)라는 공동체를 세웠다. 그 공동체는 노동 수사들에 의해 운영되었고, 불과 몇 년 만에 출판과 언론 사업의 중심지가 되었다.

콜베 신부는 '니에포카라누프'가 창립 3주년이 되어갈 때 우연히 아시아 선교의 사명을 갖게 되었다. 기차에서 몇몇 일본인 학생들을 만났는데, 그것이 계기였다.

‘아! 아시아 사람들 중에는 아직도 하느님과 성모님의 존재를 알지 못하는 사람이 많구나!’

그 길로 콜베 신부는 관구장을 찾아갔다.

“관구장님. 일본에 가서 성모의 마을을 세우고 선교하고 싶습니다.”

관구장과 장상들은 흔쾌히 허락했다.

콜베 신부는 4명의 수사와 함께 1930년 4월 24일, 일본 나가사끼에 도착했다. 그리고 한 달 뒤에 일본어판 《원죄 없으신 성모의 기사》를 발간했다.

그는 창간호를 폴란드 ‘니에포카라누프’로 보내면서 이렇게 환호했다.

‘오늘 창간호를 보냅니다. 인쇄소를 설치했습니다. 원죄 없으신 성모님 만세! 막시밀리아노로부터.’

콜베 신부는 1931년 5월에 히꼬야마 기슭에 땅을 얻어 제2의 ‘니에포카라누프’를 설립하였다. 일본에 간지 불과 2년 만에 일궈낸 커다란 선교 성과였다.

잡지를 창간하다

막시밀리아노 마리아 콜베는 1894년에 폴란드의 즈둔스카볼라에서 태어났다. 부모에게 엄격한 신앙교육을 받은 콜베는 어려서부터 성모신심을 몸에 익혔다.

1907년 그는 라부프 소신학교에 입학하고 콘벤투알 프란치스코 수도회에 입회했다. 1912년에는 로마로 유학을 갔고, 1917년에는 함께 공부하던 동료 수도자 6명과 '성모 기사회'를 창설했다.

성모 기사회는 원죄 없으신 성모님을 통하여 죄인과 이교도는 물론 갈라진 형제들의 회개와 세상 모든 사람들의 성화를 꾀하는 단체였다.

콜베는 1918년에 사제품을 받고, 이듬해에 신학박사 학위를 받았다. 그리고 폴란드로 귀국하여 교수생활을 시작했다. 다른 한편으로, 성모 기사회 활동도 본격적으로 전개했다.

1922년 1월에는 《원죄 없으신 성모의 기사》라는 잡지를 창간했다. 1927년 10월에는 땅을 기증받아 '원죄 없으신 성모 마을'을 건설했다. 이때부터 《원죄 없으신 성모의 기사》

잡지의 발행부수가 놀라울 정도로 늘어났다. 1927년에 5만 부 발행되던 것이 8년 뒤인 1935년에는 70만 부, 그 5년 뒤인 1940년에는 1백만 부에 이르렀다.

이런 큰 성공 뒤에는 남들이 보지 못한 사회의 변화를 예리하게 짚어낸 콜베 신부의 혜안과 현대 문명의 이기에 대한 열린 마음이 있었다.

일본에 성모 마을을 세우다

성모 마을이 세워진 지 3년쯤 되었을 때 콜베 신부는 이 세상에는 하느님과 성모님을 모르는 사람들이 참으로 많다는 사실을 깨닫고 아시아 선교를 꿈꾼다.

콜베 신부는 1929년 12월말에 폴란드를 떠나 1930년 4월에 일본 나가사키에 도착했다. 그리고 도착한 지 4주 만에 일본어판 《원죄 없으신 성모의 기사》 잡지를 출간하고, 1년 뒤인 1931년 5월에 땅을 얻어 '원죄 없으신 성모의 마을'(니에포카라누프)을 설립했다.

일본어판 《원죄 없으신 성모의 기사》는 3년 만에 발행부

수가 5만 부에 이를 정도로 성공을 거두었다.

콜베 신부는 1932년 6월에 새로운 성모 마을을 세우기 위해 인도에 가기도 했고, 몇 년 후 다시 일본으로 돌아와 잡지를 더욱 발전시키며 선교 활동에 전념했다.

이렇듯 콜베 신부는 한계를 모르는 뜨거운 선교 열정을 품고서 세계 곳곳에 성모 마을을 세우고 복음화 활동을 벌였다.

동료 수감자를 대신해 죽다

1936년 콜베 신부는 폴란드 성모 마을의 원장으로 선출되어 폴란드로 돌아왔다. 당시 유럽은 나치의 위협 아래 있었고, 폴란드 역시 1939년 9월에 독일 군대의 침입을 받았다.

1941년 2월, 콜베 신부는 1백만 부에 이르는 잡지 발행자로서 폴란드 국민에게 커다란 영향과 권위를 행사한다는 이유로 나치 비밀경찰에 체포되어 파비악 형무소에 갇혔다.

그곳에서 콜베 신부는 자신을 돌보기보다는 혹독한 고문으로 고통당하는 많은 이들에게 고해성사를 주고, 그들과 함께 기도하며 위로해 주었다. 그러다가 그 해 5월에 콜베 신부는 '죽음의 수용소'라고 불리던 오센침(아우슈비츠)으로 이송되었다.

아우슈비츠에서 콜베 신부는 성직자라는 이유로 더욱 혹독한 강제노동에 시달려야 했다. 그러나 힘든 상황에서도 그는 결코 평온함을 잃지 않았다. 주위의 수감자들을 위로하고 고해성사를 주었으며, 처벌의 위험을 무릅쓰고 틈틈이 설교와 상담으로 수감자들의 마음을 진정시키고 평안을 찾아주었다. 그러다가 수용소 간수에게 발각되어 심한 구타를 당해 실신하기도 했지만, 그렇다고 활동을 중단하는 일은 없었다.

그런데 콜베 신부가 아우슈비츠에 간 지 얼마 되지 않아서 큰 사건이 벌어졌다. 한 수감자가 탈옥을 한 것이다. 수용소 규칙에 따르면, 수감자 한 사람이 도망치면 그 사람이 속한 감방의 수감자 10명이 굶어 죽는 형벌을 받기로 되어 있었다.

수용소 소장은 수감자들을 광장에 세워 놓고 아사감방으

로 갈 희생자 10명을 골랐다. 그 순간 소장에게 지명된 사람들 가운데 한 사람이 갑자기 목 놓아 울부짖기 시작했다. 그때, 그 광경을 지켜보던 한 수감자가 대열에서 나오더니, 그 사람 대신 자기가 아사감방에 가겠노라고 자원했다. 바로 콜베 신부였다.

콜베 신부는 다른 9명과 함께 아사감방에 수감되었다. 그런데 콜베 신부는 인간이 만든 가장 사악한 곳에 갇혀서도 사랑으로 그 공간을 압도하였다.

그는 9명의 수감자들을 격려하고, 그들을 위해 기도하며 위로해 주었다. 굶어 죽어가는 상황에서도 한 치의 흐트러짐 없이 성직자의 임무를 수행하는 콜베 신부의 행동은 진정으로 '성모의 기사' 다운 모습이었다. 간수들조차도 그의 모습에 감동하여 존경하기에 이르렀다.

날이 갈수록 수감자들은 굶주림으로 초췌해지고, 하나둘 죽어 나갔다. 마침내 콜베 신부를 포함하여 4명만이 남게 되었다.

수용소 측은 남은 4명에게 독극물을 주사하여 죽이기로

했다. 그렇게 해서 1941년 8월 14일, 콜베 신부는 47세의 나이로 선종했다.

교황 요한 바오로 2세는 1982년 10월 10일 막시밀리아노 마리아 콜베 신부를 성인으로 시성하였다.

온 세상을 향한 선교의 꿈

막시밀리아노 콜베 신부를 아우슈비츠에서 살신성인한 성직자로만 기억한다면, 콜베 신부가 품었던 웅대한 꿈을 놓치게 된다. 아우슈비츠 이전의 행적을 살펴보면, 콜베 신부의 꿈은 온 세상을 향한 선교에 있었다.

20세기 초반은 러시아 혁명의 성공으로 공산주의가 득세하고 반교회 운동이 한창이었다. 그 흐름에 맞서서 진정한 하느님 나라를 건설하려면 올바른 선교 활동이 절실했다. 그 상황에서 콜베 신부가 펼친 선교는 체계적이고 합리적이었고, 선교의 목적, 전략, 실천이 분명했다.

콜베 신부의 선교 목적은 성모님을 통하여 하느님의 사랑에 도달하는 것이었다. 다시 말해, 성모님의 전구(나를 대신하여 다른 사람이 은혜를 구함)와 도우심으로 사람들을 복음화하고 성화하고자 했다.

이 목적을 성취하기 위한 전략은 전 세계에 '성모 기사회'를 결성하고, 이 조직을 통해 잡지 《원죄 없으신 성모의 기사》를 각 나라 언어로 발행하여 선교 활동을 하는 것이었다.

그것을 위해 콜베 신부는 조국 폴란드에 성모 마을을 세워 동료 수사들을 양성하였다. 그렇게 양성된 수사들은 잡지 출판을 통해 '성모 기사회 운동'을 추진하고 확장시켜갔다.

폴란드에서의 성공을 바탕으로 콜베 신부는 동양에도 눈을 돌려 일본, 인도, 중국에까지 복음을 선포하였다.

매스컴을 통한 선교

콜베 신부는 전 세계를 대상으로 선교하기 위해서는 교회가 급속한 시대 변화에 적극적으로 대응해야 한다는 지론을 펼쳤다.

"교회는 문명의 이기를 좀 더 적극적으로 활용해야 한다. 나아가 현대 문명이 낳은 이기로 하느님 말씀을 선포해야 한다."

이러한 그의 사상과 실천은 제2차 바티칸공의회의 사회매체 교령인 〈놀라운 기술(Inter Mirifica, 1963)〉에 그대로 반영되어 있다.

콜베 신부는 각 나라 말로 인쇄매체를 발간하였고, 라디오 방송을 활용하여 선교에 큰 성과를 이루었다. 또한 영상을 통한 교육과 복음화에도 지대한 관심을 보였다.

인쇄매체만 보더라도, 1922년 1월에 잡지 《원죄 없으신 성모의 기사》를 창간했고, 이어서 어린이 잡지 《원죄 없으신 성모의 소년 기사》를 발간했다. 또한 외국인을 상대로 한 라틴어판 잡지 《밀레스 임마쿨라태(Miles Immaculatae, 원죄 없으신 성모의 기사)》를 창간했다.

콜베 신부는 복음 선포를 위한 소통의 수단으로 출판물뿐 아니라 현대의 과학 기술을 최대한 활용한 선구자였다.

흰 관과 붉은 관, 둘 다 원합니다

콜베 신부에게 성모신심은 선교의 원동력이었다. 독실한

가톨릭 가정에서 태어나 신심 깊은 어머니의 영향을 받아서 였기도 하지만, 무엇보다 소년 시절에 예사롭지 않은 신비를 체험한 것이 남다른 배경이었다.

소년 시절 한번은 콜베가 기도하는데, 성모님이 두 개의 관을 들고 나타나셨다. 하나는 흰 관이었고 다른 하나는 붉은 관이었다. 그분은 콜베를 바라보며 둘 중 하나를 고르라고 하셨다. 흰 관은 '순결'을 뜻하고 붉은 관은 '순교'를 뜻한다는 그분의 설명을 듣고, 콜베는 둘 다 원한다고 말씀드렸다. 그러자 성모님은 빙그레 미소를 지으며 사라지셨다.

그 체험이 있은 뒤, 콜베는 신학교에 들어갔고 수도회에 입회했다. 그리고 사제가 되어 평생 선교를 위해 성모님께 기도하며 활동하였고, 훗날 아우슈비츠 수용소에서 남의 생명을 살리기 위해 자신의 목숨을 바침으로써 어린 시절 성모님 체험에서 예견된 순교를 실천하였다.

그래서 콜베 신부가 선종하여 하느님 품에 안긴 날이 성모 승천 대축일 전날인 8월 14일인 것이 우연으로만 보이지는 않는다.

우리는 남을 위해 자신의 목숨을 서슴없이 내놓은 그의
순교 영성과 삶을 본보기로 삼아야 할 것이다. 그리고 그의
삶을 본받아 선교의 비전을 갖추고 목표와 전략을 세워 실
행해야 할 것이다.

2장

✳

평범한 일상생활에서

차별 없는 사랑을 보여준 흑인 성자

| 마르티노 데 포레스 수도자 |

Maritinus de Porres (1579-1639)

축일_ 11월 3일

빈민가 소년 마르티노. 그를 앉혀놓고 어머니가 꾸중을 했다.

"마르티노. 언제까지 빈둥거리기만 할 거니? 너도 이젠 일 좀 배워라."

다음날부터 마르티노는 일을 배웠다. 머리 깎기, 상처 치료와 지혈하기가 그가 처음 배운 일이었다.

그 일을 하면서 마르티노는 세상에 눈을 떴고, 자신을 알게 됐다. 자신을 알아가는 과정은 꽤나 고통스러운 경험이었다. 마르티노는 아버지 없는 사생아에 흑인 혼혈아였기 때문이다.

사람들은 피부가 까맣다는 것만으로 마르티노를 노예 취급했다.

"어이, 깜둥이."

그 말은 마르티노의 작은 심장에 비수처럼 박혔다. 화가 나는 건 당연했다. 그러나 마르티노는 분노를 삭이고, 신앙의 힘으로 사람들의 멸시를 이겨냈다.

'하느님은 우리를 피부 색깔로 차별하는 분이 아니야!'

‘피부가 까맣다고 영혼까지 까맣지는 않아! 내 영혼은 하얗고 깨끗해!’

마르티노에겐 그 믿음이 삶의 구원이었다. 어둡게 보이던 세상은 신앙의 눈으로 봤을 때에야 비로소 밝고 아름다웠다.

마르티노는 거리에서 가난한 병자들을 치료했다.

그는 피부색과 인종을 가리지 않고 모든 사람에게 친절을 베풀었고, 심지어 떠돌이 개와 고양이, 시궁창 쥐에게마저도 너그러웠다.

마르티노는 꿈이 생겼다.

‘내 삶을 온전히 주님께 드릴 수만 있다면!’

그는 수도자가 되기를 원했다. 그러나 흑인 혼혈아는 정식 수도자가 될 수 없었다. 마르티노는 도미니코수도회의 평신도 보조원으로 만족해야 했다. 하지만 그는 실망하지 않았다.

마르티노는 수도원의 청소부로 묵묵히 9년 동안 헌신했다. 그 모습에 감동한 신자들은 수도원에 청원을 넣어 그를 정식 수도자로 만들어 주었다.

마르티노는 뛸 듯이 기뻤다.

"주님. 감사합니다. 저는 불쌍한 노예일 뿐이오나 큰 은총을 내려 주님의 종으로 삼으셨으니……."

수도자가 된 마르티노는 더욱 열심히 가난한 사람들을 위해 봉사했다. 고아원을 설립하고, 병든 노예들을 돌보면서 주님의 사랑을 보여주었다.

흑인 혼혈아로 태어나다

마르티노 데 포레스는 1579년 남아메리카에 위치한 페루의 리마에서 태어났다. 당시 페루는 스페인의 식민지였다. 스페인 귀족들은 인디오들을 노예로 삼아 금과 은을 채굴하여 막강한 부를 누렸다.

마르티노는 스페인 귀족인 아버지와 파나마 출신 흑인 어머니 사이에서 태어난 혼혈 사생아였다. 어머니의 검은 피부를 물려받은 마르티노는 8살이 되어서야 겨우 아버지로부터 아들로 인정받았다. 하지만 그것도 잠시 뿐, 이내 어머니와 여동생과 함께 아버지로부터 버림받았다. 버림받은 마르티노 가족은 어쩔 수 없이 밑바닥 인생을 살 수밖에 없었다.

당시는 유럽인들이 아프리카에서 흑인을 잡아다 노예시장에 내다 팔던 시대였고, 흑인을 동물로 취급하던 시대였다.

가난했기 때문에 마르티노는 어려서부터 온갖 궂은일을 가리지 않고 해야만 했다. 먹고살기 위한 방편으로 이발 기술이며 지혈과 같은 기초적인 의료 행위도 익히게 되었다.

그런 천한 일을 하면서도 마르티노의 얼굴에는 늘 사랑과 자비가 넘쳐흘렀다. 가난한 이웃이나 천대받는 사람들을 보면 자신의 재물뿐 아니라 마음까지도 나누어 주었다.

수도원 심부름꾼이 되다

마르티노는 15살 때 리마에 있는 도미니코 수도원에 자신을 봉헌하기로 맹세했다. 그것이야말로 하느님께서 바라시는 일이며, 자기가 세상에 태어난 이유라고 생각했다. 즉, 하느님께서 자신을 태어나게 하셨으니, 이제는 자신의 모든 것을 하느님께 내어드려야 한다고 생각한 것이다.

마르티노의 꿈은 수도원의 사제나 수도사가 아니었다. 그는 다만 심부름꾼이 되려 했다. 남들은 하찮은 일을 피했지만, 그는 이렇게 기도했다.

"주님, 지친 사람, 병든 사람, 불행한 사람을 제가 돕도록 해주십시오. 저를 도구로 쓰시어 주님이 얼마나 사랑하시는지 그들 스스로 알 수 있게 해주십시오."

쉽지는 않았지만, 마르티노는 평소 희망했던 대로 수도원에 평신도 보조원으로 들어갔다. 그는 성 도미니코의 겸손을 본받으려고 노력했다.

수도원에 들어간 지 9년 만에, 수도원 측은 마르티노에게 정식 수도자로서 서원을 할 수 있도록 허락했다. 그의 기도와 참회, 애덕과 겸손으로 수놓은 아름다운 삶을 인정한 결과였다. 마침내 도미니코회의 수도자가 된 마르티노는 몸과 마음을 다 바쳐 가난한 사람들, 고아들, 아프리카에서 끌려온 노예들을 보살피고 치료했다. 어려서부터 익혀온 그의 장기, 이발사, 외과 의사, 의류수선공 솜씨가 빛을 발하기 시작했다.

마르티노 수사는 피부 색깔이나 신분에 관계없이 어느 누구에게나 변함없이 대했고, 혼자서도 수많은 일들을 능률적으로 잘 처리해냈다.

나는 수도원의 재산일 뿐입니다

마르티노 수사는 낮에는 병자를 치료하고 가난한 사람들을 돌보는 일로 정신없이 바쁘게 지냈고, 밤에는 기도와 참회로 시간을 보냈다. 그것은 그가 일을 끊임없이 할 수 있는 원동력이었다.

하느님께서는 부엌과 세탁실, 병원, 거리에서 많은 일을 하느라 바쁜 그에게 놀라운 선물을 하셨다. 기도를 할 때면 그의 방이 신비로운 빛으로 가득 차고, 때로는 몸이 공중에 떠 있기도 했다. 때로는 그의 몸이 동시에 두 장소에 존재하거나 잠겨 있는 문을 그대로 통과하기도 했다.

그런 신비한 현상들 외에도 놀라운 지식을 발휘하거나, 순식간에 병을 고치기도 했다. 그리고 동물들을 잘 다루어 벌레도 사랑하고 쥐와 친구로 지내기까지 했다.

마르티노 수사는 뛰어난 자선모금 활동가였다. 가난한 집 아가씨가 결혼을 하거나 수녀원에 들어갈 때 필요한 지참금을 대신 모금해 주기도 하였다.

마르티노 수사는 늘 겸손한 마음과 자세를 잃지 않았다. 언제나 한결 같은 모습에 동료 수도자들도 감동하여 그를 영적 지도자로 여기고 따랐다. 하지만 마르티노 수사는 언제나 자신을 '불쌍한 노예'라고 낮출 뿐이었다.

오랜 자선활동의 결과 수도원이 큰 빚을 지고 어려움에

처하자, 마르티노 수사는 수도원장에게 이렇게 말했다.

"나는 그저 가련한 혼혈아일 뿐입니다. 나를 파세요. 나는 수도원의 재산입니다. 나를 팔아서 빚을 갚으세요."

'빗자루 수사' 라는 별명이 붙은 마르티노 수사는 한낱 수도자에 지나지 않았다. 그러나 자질구레한 일이라도 열심을 다 했고, 끊임없는 기도로 늘 하느님과 하나가 되고자 했다. 하느님께서는 그런 마르티노 수사를 통해 수없이 많은 영광을 드러내셨다.

살아서 이미 '성인' 으로 일컬음을 받은 마르티노 수사는 1639년에 선종했고, 1962년에 요한 23세 교황에 의해 시성되었다.

기적을 일으키는 힘, 기도

마르티노 수사가 평생토록 지치지 않고 다른 사람들을 위해 봉사할 수 있었던 힘은 어디에서 나왔을까? 그것은 하루에 몇 시간씩, 때로는 밤을 새워 기도하면서 자신의 몸과 마음을 단련하고 정화하였기 때문이다.

그는 피부 색깔이 검고 사생아라는 이유로 온갖 멸시를 당했지만 기도로 그것을 극복했다. 그의 기도는 여러 가지 기적을 가져왔다.

마르티노 수사가 믿기 어려운 고행과 쉼 없는 기도의 삶을 산 것은 자신을 죄인으로 여기고, 한 순간도 하느님에게서 떨어지지 않으려는 의지가 있었기 때문이다.

하지만 그 역시 사람인지라, 때로는 가난한 사람들과 환자들에게 베푼 봉사와 기적의 은사로 하느님보다 자신을 드러내고 싶은 유혹에 빠지곤 했다. 그렇지만 오로지 하느님의 뜻만을 실천할 수 있게 해달라고 끊임없이 기도함으로써 그 유혹을 떨쳐냈던 것이다.

기도는 기적을 일으키게 하는 힘이기도 하지만 유혹에서 벗어나게 하는 은총이기도 했다.

마음을 청소하는 빗자루

요즘 유례없는 취업난으로 아우성이지만, 소위 3D 업종(Dirty, Difficult, Dangerous)이라 불리는 일들은 웬만해선 하려 들지 않는다. 편안함에 안주하려는 성향과 이기적이고 교만한 마음이 팽배해 있기 때문인데, 마르티노 수사의 빗자루 이야기는 자못 의미심장하다.

마르티노 수사는 수도회에 입회해서 세상을 뜰 때까지 남들이 싫어하고 기피하는 온갖 천한 일을 기꺼이 도맡아 했기에 '빗자루 수사' 라는 별명을 얻었다. 나아가 빗자루는 그에게 마음의 쓰레기, 즉 게으름, 교만, 욕심을 쓸어 없애는 도구였다. 마르티노 수사는 자신을 정화하기 위해 마음의 빗자루로 날마다 마음을 깨끗이 청소했던 것이다.

동물를 사랑한 제2의 프란치스코

마르티노 수사는 사람들에게 보여준 무한한 사랑을 동물에게도 그대로 실천하였다. 갖가지 동물들과 어울려 지내며 아프면 치료하고 허약하면 보살피며 동물과 인간 사이의 평화 공존을 보여주었다. 들짐승이나 심지어 부엌의 벌레들까지도 마르티노는 함부로 대하지 않았다.

마르티노 수사가 짐승이나 벌레와 소통하는 모습은 흡사

아씨시의 성 프란치스코를 연상시킨다. 프란치스코 성인은 모든 피조물과 대화하며 형제적 일치를 이루었다.

그는 태양을 형님으로, 달과 별을 누님으로, 바람은 형님으로 칭하면서 자연과의 일치를 통해 주님을 찬미하고 하느님에의 사랑을 극명하게 보여주었다.

마르티노 수사 역시 성 프란치스코처럼 모든 피조물에 대한 하느님의 무한한 사랑을 확신하고 있었던 것이다.

삶으로 신앙을 증명하는 선교

1962년 5월 6일 마르티노 수사의 시성식에서 요한 23세 교황은 이렇게 말했다.

"이 거룩한 사람은 말과 겉모습과 덕행으로 수많은 사람들을 신앙의 길로 힘 있게 이끌었습니다. 여전히 그는 놀라운 방법으로 우리 마음을 천국으로 향하게 합니다. 하지만 불행하게도 이 높고도 거룩한 뜻은 제대로 평가된 적이 없고, 영광스럽게 받아들여진 적이 없습니다. 오히려 악의 유혹에 끌려서, 그가 보인 덕행들을 멸시하거나 소홀히 하고 거부하기까지 합니다. 성 마르티노의 모범이 그리스도의 발자취를 따르고 있으며, 마르티노의 거룩한 계명을 지키는 것이 얼마나 즐겁고 복된 일인지를 많은 이들이 깨닫기를 바랍니다.”

요즘 교회의 세속화 경향이 차츰 심해져 가고 있다. 이러한 현실에서 삶으로 신앙을 증거 하는 선교야말로 진정한 신앙이라고 할 수 있다. 주위 사람들에게 신앙의 모범을 보여주는 제2, 제3의 마르티노 수사가 나오기를 기대한다.

05

조선의 하늘과 땅을 누빈, 땀의 순교자

| 최양업 신부 |

崔良業 (1821-1861)

세례명_토마스

1849년 12월 3일. 별빛조차 없는 캄캄한 겨울 밤.

한 남자가 국경수비대의 올빼미 같은 눈초리를 피해 꽁꽁 언 압록강을 건너왔다. 헐벗고 굶주린 채 먼 길을 걸어온 듯 몸을 가누지 못했다. 하지만 그의 얼굴에는 기쁨의 눈물이 흐르고 있었다. 강을 건너자 그는 강기슭에 몸을 숨기고 무릎을 꿇었다.

"주님! 마침내 조선 땅에 들어왔습니다. 무사히 인도해 주셔서 감사합니다. 앞으로 갈 길도 주님의 뜻대로 인도해 주옵소서."

그의 어깨가 조용히 떨렸다. 목숨을 건 귀국이었고, 14년 만에 밟은 고국 땅이었다. 그는 기도를 마치고 일어서서 하늘을 향해 다짐했다.

'내 발길이 닿는 모든 땅마다 주님의 말씀을 전하리라.'

그의 이름은 최양업 토마스 신부. 열여섯 살에 김대건과 함께 필리핀 마카오로 신학 공부를 위해 유학을 떠났던 그가 사제가 되어 돌아온 것이다.

고향으로 가면서 그는 기쁨과 희망과 슬픔이 뒤섞인 가슴을 주체하지 못했다. 소년 시절 헤어진 가족과 신자들의 얼굴이 보름달처럼 떠오른 것이다.

그러나 고향에서 그가 들은 것은 애달픈 소식뿐이었다. 부모님은 이미 10년 전 서울로 압송되어 순교자가 되셨고, 두 동생은 용인에 숨어살고 있었다.

동생들은 부모님의 마지막 모습을 이렇게 전했다.

"형님. 아버지는 더 많은 고초를 당하셨어요. 아들을 나라 밖으로 보내 서양귀신을 섬기게 했다는 죄가 추가 되었지요. 하지만 아버님은 모진 고문에도 굴복하지 않고 십자가의 길을 걸어가셨어요."

그러면서 동생은 아버지의 묵주를 내놓았다. 최양업 신부는 묵주를 가슴에 품고 눈물을 흘리며 다짐했다. 신앙의 길이 아무리 험하고 위험할지라도 복음을 선포하는 사명을 지키겠노라고. 그리고 신자들과 함께 기도했다.

"우리는 이 모든 쓰라림을 하느님을 위해 참습니다. 하느님은 우리의 위로요 희망이시며 원의이시니, 우리는 그분 안에서 살고 죽습니다."

그 뒤로 최양업 신부는 전국을 돌아다니며 선교하였다. 사목해야 할 지역이 넓고 정부의 탄압으로 고난의 연속이었지만, 그는 순교자의 자세로 소명에 충실했다. 그때의 고통을 그는 편지에 이렇게 썼다.

"저는 조선에 들어온 뒤 한 번도 휴식을 취하지 못했습니다. 다만 7월 한 달 동안만 같은 집에 머물러 있었을 뿐이고, 언제나 시골 방방곡곡을 돌아다녔습니다. 중국에서 서울까지 여행한 것을 빼고도 1월부터 지금까지 거의 5천 리를 걸어 다녔습니다."

최양업 신부의 뜨거운 선교 열정은 죽는 순간까지도 식지 않았다. 그는 발길이 닿을 수 있는 곳이면 어느 곳이든 찾아간 '땀의 순교자'였다.

마카오로 유학을 떠나다

최양업 신부는 1821년 충청도 홍주(홍성) 다락골에서 순교자 성 최경환 프란치스코와 이성례 마리아의 장남으로 태어났다. 최양업의 집안은 증조부 때부터 가톨릭을 믿었고 대대로 신앙을 이어왔다. 최양업은 15살 때인 1836년에 당시 조선에서 선교하던 프랑스인 모방 신부에 의해 신학생으로 선발되었다. 이듬해 1837년 김대건, 최방제와 함께 신학을 공부하기 위해 마카오로 떠났다.

그러나 마카오 유학생활은 순탄하지 않았다. 1838년에는 동료 신학생인 최방제가 병으로 세상을 떠났다. 다음 해에는 중국에서 일어난 민란을 피해 반년 동안 필리핀 마닐라로 피신해 있기도 하였다. 1842년에는 조선 원정을 떠나는 프랑스 함대를 따라 통역관으로 김대건이 차출되어 마카오를 떠났고, 5개월 뒤에 최양업도 마카오를 떠났다.

최양업은 그때부터 조선에 귀국할 때까지 7년 넘게 떠돌이 생활을 했다. 상해, 요동을 거쳐 외몽고의 소팔가자에 이르렀고, 그곳에서 그동안 중단했던 신학 공부를 계속했다.

그리하여 1844년 12월경 김대건과 함께 부제품을 받았다. 교회법의 규정에 따라 만 24세가 안 되었으므로 사제품은 받을 수 없었다.

발길은 달리고 뛰고 있으나…

그때부터 최양업과 김대건 신부는 조선으로 들어가기 위해 만주와 요동, 외몽고 일대를 헤매느라 한시도 몸과 마음이 편할 날이 없었다.

김대건 신부가 1845년 1월에 먼저 의주를 거쳐 조선에 입국하는 데 성공했다. 최양업은 1846년 1월에 두만강을 건너 입국을 시도하다가 중국 경비병에게 발각되어 소팔가자로 돌아갔다.

그해 12월에 다시 조선 입국을 시도할 겸 조선에서 온 밀사를 만나러 만주 심양에 갔다가, 조선에서 대대적인 박해가 일어나 많은 교우들이 순교했다는 소식을 들었다. 1년 전인 1845년 8월에 조선인으로서 처음으로 사제품을 받은 김대건 신부도 그때 순교했다.

그 박해를 계기로 조선의 국경 경비는 더욱 삼엄해졌다. 최양업 신부는 소팔가자로 다시 돌아갈 수밖에 없었다. 그때의 심정을 그는 이렇게 썼다.

"지금까지 나는 내 포교지 밖에서 방황하고 있으니, 나도 답답하고 듣는 신부님도 마음이 아프실 것입니다. …… 발길은 달리고 뛰고 있으나 얼굴은 무겁게 수그러집니다. 이는 나의 죄악과 빈곤과 허약 때문입니다. 그러나 하느님의 풍부한 자비심에 희망을 갖고 하느님의 섭리에 나 전체를 맡깁니다. …… 나의 빈약하고 연약함을 생각하면 두렵습니다만 주께 바라는 굳센 믿음으로 실망하지 않겠습니다."

그는 육지가 아닌 바다를 통해 입국하기로 하고 홍콩으로 갔다. 그곳에서 때를 기다리는 동안 최양업은 『기해일기』를 라틴어로 옮기는 작업을 했다. 그 책은 순교자 현석문이 쓰고 페레올 주교가 프랑스어로 번역한 순교 기록이었다.

최양업은 1847년에 고군산 열도 쪽으로 입국을 시도했으나 배가 난파했고, 이어서 1849년에 백령도 부근을 지나 들어가려다가 또 실패했다. 그는 상해로 돌아가서, 그해 4월에 조선인으로서 두 번째로 사제품을 받았다. 그리고 그해 12월 초, 마침내 요동과 압록강을 거쳐 의주로 입국하는데 성공했다.

조선에서 사제로 산다는 것

고국에 돌아온 최양업 신부는 서울에서 하루를 지낸 다음 충청도로 내려가 페레올 주교를 만났다. 그리고 여독이 채 풀리지도 않은 상태에서 곧바로 사목활동을 시작했다. 1만 2천여 명이나 되는 교우들이 전국 각지에서 자신을 기다리고 있을 것을 생각하니 잠시라도 미룰 수가 없었던 것이다.

계속되는 박해를 피해 깊은 산골에 숨어서 사는 교우들을 찾아다니는 것은 쉬운 일이 아니었다. 그러나 그는 1백여 개가 넘는 공소들과 곳곳에 흩어져 있는 교우촌들을 부지런히 찾아다녔다. 박해를 피해 살아남은 사제들이 몇 안 되는 데다 페레올 주교와 다블뤼 신부마저 병에 걸려 움직일 형편이 아니었기 때문이다.

처음 6개월 동안에 그는 경기, 충청, 전라, 경상, 강원 5개도에 걸쳐 무려 5천 리를 걸었다. 그런 상황에서도 틈틈이 짬을 내어 병세가 더 심해진 페레올 주교와 다블뤼 신부를 간호하곤 했다.

길도 제대로 나지 않은 산골을 더듬으며 다니는 것도 힘들었지만, 그를 더욱 힘들게 한 것은 언제 어디서 닥쳐올지 모르는 갖가지 위험과 곤경이었다. 그는 한시도 긴장을 늦출 수 없었다.

가능한 한 안전을 꾀하기 위해서, 그는 밤에 교우들을 은밀히 만나 고해성사를 비롯한 각종 성사를 베풀고 미사를 집전한 뒤 날이 밝기 전에 서둘러 길을 떠나곤 했다. 무려 12년을 그런 식으로 온갖 고난과 위험을 무릅쓰고 그리스도를 증거하며 사목했다.

그러던 1861년 6월, 그는 영남 지방 사목을 마치고 주교에게 보고하기 위해 상경하던 길에 경상도 문경에서 갑자기 쓰러져 선종했다.

그와 친하게 지낸 페롱 신부는 그의 죽음에 대해 이렇게 말했다.

"최 신부의 복사가 와서 그의 사인을 자세히 알려주었다. 그가 사망한 원인은 과로 외에 아무것도 없다. …… 하루에 80리 내지 100리를 걸었다. 밤에는 성사를 주고 날이 새기 전에 떠나야 했다. 그러니 한 달 동안 나흘 밖에 잠을 잘 수 없었다."

그의 시신은 배론에 안장되어 있다. 현재, 한국 천주교회는 최양업 신부의 시복시성을 추진하고 있다.

1년에 7천리를 걸어 다니는 사목

초창기 한국 천주교회는 자랑스러운 두 분의 사제를 모셨다. 한국의 첫 사제인 김대건 신부는 사제서품을 받은 지 채 1년도 되지 않아 순교하였다. 두 번째 사제인 최양업 신부는 12년간 사목활동을 하다 과로로 세상을 떠났다. 우리는 김대건 신부를 '피의 순교자'로, 최양업 신부를 '땀의 순교자'로 부른다. 오늘날 한국 천주교회의 놀라운 성장이 이 두 분의 공로에 힘입었음은 두 말할 여지가 없다.

오늘날 김대건 신부는 널리 알려진 반면에 최양업 신부는 그늘에 가려져 있다. 하지만 순교는 피를 흘리며 목숨을 바치는 것만이 아니라, 하느님의 진리를 선포하기 위한 다양한 형태의 고통과 자기희생을 포함한다.

최양업 신부는 온갖 박해를 견디어야 했다. 외교인으로부터 습격을 받거나, 관가에 고발되기도 했고, 동네에서 매몰차게 추방되기도 했다. 수많은 위험을 무릅쓰고 산간벽지에 사는 교우들을 찾아가 성사를 집전하였다. 1년에 7천여 리를 다니고 4천여 명에게 고해성사를 주었다.

최양업 신부는 신자가 둘이나 셋밖에 없는 공소라도 마다하지 않고 방문했으며, 다섯 가구가 사는 공소에 가려고 사흘을 걷기도 했다. 한 명의 교우도 결코 소홀히 하지 않는 그의 투철한 사목 정신을 엿볼 수 있다.

다른 한편으로, 최양업 신부는 유일한 조선인 사제였기에 서양인 사제들과 빚어진 오해와 갈등, 그리고 차별을 혼자 감내해야 했다. 하지만 그는 병약한 서양인 사제들을 헌신적으로 뒷바라지하며, 뿌리 깊은 형제애를 보여주었다.

제2의 바오로 사도

최양업 신부는 전국 각지를 누비며 복음을 선포하고 수많은 개종자와 입교자를 배출하였다. 바오로 사도가 소아시아 지역을 순례하며 열정적으로 복음을 전하였듯이, 최양업 신부는 한국 교회가 성장하고 확장하는데 큰 기여를 하였다.

특히 그의 선교 열정과 정책은 실로 대단하였다.

첫째로, 그는 교회와 복음의 토착화를 위해 외국 선교사들이 조선 문화를 익히고 지역의 특성에 맞게 선교할 것을 주장했다.

최양업 신부는 저술활동을 통해 신앙의 토착화를 꾀하였으며, 천주가사 등 신자들의 효과적인 교리교육과 신앙생활을 위한 글을 남겼다.

둘째로, 그는 모든 악의 근원인 양반제도의 폐지와 사회제도를 개혁할 것을 주장했다.

셋째로, 그는 종교의 자유를 위한 외교활동의 필요성을 역설했다.

그 외에도 바오로 사도가 이방문화에 적응하며 복음을 선포하였고, 가는 곳마다 교회공동체를 세웠으며, 교우들에게 편지를 보내 권면과 격려를 했던 것처럼, 최양업 신부 역시 가는 곳마다 공소를 세웠다. 그가 세운 공소는 100여 개에 이르렀다.

김수환 추기경의 원형

최양업 신부는 무엇보다 하느님의 뜻을 따랐다. 어떠한 상황에서도 자신을 하느님 뜻에 내맡기며 순명하였다. 여러 차례 입국을 시도했다가 실패했을 때 그는 그것을 하느님의 뜻으로 받아들이며 참고 인내했다. 그리고 박해의 고통을 당할 때에는 먼저 가난하고 어려움에 처한 사람들을 만나 그들과 함께 생활하면서 고통을 나누었다. 그가 양반계급의 타파를 주장한 이면에는 인간에 대한 존엄성이 깊게 배어있다.

이러한 최양업 신부의 정신은 후배 성직자들에게 모범이 되었다. 특히 최근 선종하신 김수환 추기경을 기억해본다.

김수환 추기경은 한국 천주교회의 최초 추기경이면서 한국 근대사의 격동기를 함께 한 분이었다. 그는 가난한 이,

억압받는 이들에게 다가가 그들과 고통을 함께 나누었고 힘이 되어주었다. 또한 사회 불의에 맞서 저항하고 정의를 지키며, 철저히 가난하고 겸손한 모습을 보여주었다. 우리는 김수환 추기경의 모습에서 최양업 신부의 얼을 찾아 볼 수 있음을 믿는다.

06

지금 이 순간을 사랑한, 희망의 증인

| 구엔 반 투안 추기경 |

Nguyen Van Thuan (1928-2002)

내가 석방되자 많은 사람들이 이렇게 물었습니다.

"감옥에서도 미사를 봉헌할 수가 있었습니까?"

내가 "그렇습니다."라고 대답하자 그들은,

"빵과 포도주는 어떻게 구할 수 있었지요?"

라고 묻더군요.

체포될 때 나는 빈손인 채 막무가내로 끌려갈 수밖에 없었습니다.

다음날 그들은 나에게 가장 필요한 물건을 편지로 써서 요청하라더군요.

나는 신자들에게 보내는 편지에 옷가지, 치약 그리고,

"위장이 안 좋은데 약을 좀 보내줄 수 있습니까?"

라고 썼습니다.

여러분은 이 말이 무엇을 뜻하는 지 알 것입니다.

신자들은 작은 병에 미사주를 담고, 겉에 '위장약' 이라고 라벨을 붙여 보내주었습니다.

교도관이 내게 물었습니다.

"당신은 위장이 나쁜가?"

"그렇습니다."

"여기 당신의 약이 왔소."

그 순간의 기쁨은 말로 형용할 수 없었습니다.

나는 포도주 세 방울과 물 한 방울을 손바닥에 떨어뜨려 날마다 미사를 봉헌했습니다.

그러나 미사 집전은 그날그날 상황에 따라 달라졌습니다.

배를 타고 북쪽으로 이송될 때는 밤에 미사를 봉헌했고, 내 옆에 있던 죄수들이 성체를 영하였습니다.

때로는 보건 체조를 끝내고 모두가 목욕을 할 때 미사를 봉헌하기도 했습니다.

우리는 재교육수용소에서 50명씩 나뉘어서 공용침대에서 잤습니다. 한 사람 당 잠자리는 불과 50센티미터였습니다.

우리 천주교 신자 5명은 한쪽 구석에 모여 잤습니다. 그곳은 저녁 9시 반이면 소등을 했습니다.

우리는 침상에 구부리고 앉아 어둠 속에서 미사를 봉헌했
습니다. 성체는 모기장 아래로 손을 움직여 분배하였고, 미
사가 끝나면 그 성체를 담배 곽으로 조그만 상자를 만들어
보관했습니다.

그 상자에 담긴 예수님 성체는 내 셔츠 주머니 속에서 늘
나와 함께 계셨습니다.

* 이 글은 구엔 반 투안 추기경의 옥중 묵상집에 실린 〈내 힘의 유일한
원천이신 성체〉에서 뽑은 것입니다.

성인들에게서 배우다

구엔 반 투안은 1928년 4월 17일, 베트남에서 한문학에 조예가 깊은 시인이자 화가인 아버지와 그리스도의 사랑과 용서를 온 몸으로 실천한 신앙인인 어머니 사이에서 태어났다. 반 투안은 아버지에게서는 문학적 감수성을 물려받고 어머니에게서는 믿음과 기도를 배워 영리하고도 신심이 깊은 아이로 자랐다.

반 투안은 13살이 되던 1941년에 사제가 되기 위해 신학교에 입학하였다. 중고등부 과정인 소신학교를 거치며 그는 더욱 굳건한 신앙인으로 성장하였고, 대학 과정인 대신학교에서는 신학과 철학을 열심히 공부하였다.

반 투안은 여러 성인들을 자신의 영적 삶의 모델로 삼아 본받으려 노력하였다. 성녀 소화 데레사를 통해서는 기도의 힘을 본받고자 하였다. 아르스의 성 요한 마리아 비안네를 통해서는 비천함마저 사랑하는 마음과 하느님 나라를 향한 내적 강인함을 배웠다.

그리고 그의 수호성인이기도 한 성 프란치스코 하비에르

를 통해서는 하느님께 봉사하기 위한 섬세한 준비와 실천, 일의 성패에 일희일비하지 않는 전진의 중요성을 깨달았다.

반 투안은 1953년에 사제로 서품되었고, 그 후 로마에 유학하여 우르바노 대학교에서 교회법 박사학위를 받았다. 다시 조국에 돌아온 그는 휴에의 소신학교에서 교사로서 신학생들을 가르쳤고, 1960년에 그곳의 교장이 되었다.

그때까지만 해도 그는 평탄한 삶을 살았지만, 그의 눈앞에 펼쳐진 베트남의 현실은 그에게 험난한 삶을 예고했다.

감옥에서 13년을 살다

당시 베트남은 미국의 지원을 받는 남부와 공산 진영인 북부로 분열되어 서로 싸우고 있었다. 그런데 1963년에 남부 베트남에서 쿠데타가 일어나 초대 대통령 고 딘 디엠과 그 형제들이 줄줄이 총살을 당하였다.

그들은 바로 반 투안 신부의 외삼촌들이었다. 그때 반 투안 신부는 외삼촌들이 억울하게 죽어가는 모습을 그저 지켜볼 수밖에 없었다.

반 투안 신부는 1967년에 나트랑 교구의 주교로 임명되었고, 1975년 4월 24일에 사이공 대교구의 부교구장에 임명되었다. 그 엿새 뒤인 4월 30일에 남부 베트남은 마침내 북부 베트남에게 함락되었다.

공산주의자들은 사이공(나중에 '호치민'으로 이름이 바뀜)에서 종교적 영향력을 행사하는 자리에 반 투안 신부가 앉는 것을 원치 않았다. 그는 남부 베트남 초대 대통령 고딘 디엠의 조카였기 때문이다.

반 투안 신부는 그 해 8월 15일에 체포되어 나트랑 교구의 어느 성당 건물에 강제 연금되었다. 이듬해 3월에는 푸칸에 있는 교도소로 옮겨져, 창문도 없고 악취가 심한 감방에 홀로 던져졌다.

감방의 작고 흐린 전등은 특별한 이유도 없이 며칠씩 꺼지곤 하였다. 그는 낮과 밤도 구분되지 않는 어둠과 자신을 둘러싼 침묵과 공허 속에서 살아 있는지조차 느낄 수 없었다.

감방 안의 열기와 습기 때문에 온 몸이 아팠고 늘 배가 고프고 목이 말랐다. 의식은 혼미해져서 기도하기도 어려웠다. 잠을 잘 수도 없어서 탈진한 상태로 야위어 갔다.

공산주의자들은 그런 그를 굴복시키려고 감방에서 끌어 냈다. 그런데 그 덕분에 반 투안 신부는 밝은 곳에서 그들을 만나면서 아직 자신이 살아있다는 것을 느꼈다.

1988년 11월, 반 투안 신부는 13년 넘게 6곳의 감옥과 수용소에 갇혀 지낸 끝에 석방되었다. 그리고 3년 뒤인 1991년 12월에 베트남에서 추방되었다.

로마로 옮겨 간 그는 수감생활 체험과 해박한 신학적 식견에 바탕을 둔 강연이나 피정지도로 명성을 얻었다. 그리고 1994년에 교황 요한 바오로 2세에 의해 교황청 정의평화위원회 부위원장, 1998년에 위원장으로 임명되어 인권과 세계 경제와 세계화에 관련된 문제들을 해결하는 데에 헌신하였다.

2001년 2월에 추기경에 서임된 그는 암에 걸려 투병하다 2002년 9월 16일 로마에서 선종하였다.

하느님의 일 그리고 하느님

교회에서 활동하다 보면 곧잘 빠지는 유혹들이 있다. 그 중 하나가 일이나 활동에 지나치게 몰입한 나머지 정작 하느님의 뜻을 잃는 것이다. 그러다 보면 자기 뜻대로 해야 한다거나, 자기가 아니면 안 된다는 '메시아 콤플렉스'에 빠져 드는 경우가 적지 않다.

반 투안 추기경의 경우도 예외는 아니어서, 수감생활 동안 그를 더욱 괴롭힌 것은 육체적 고통보다도 정신적 갈등이었다. 그는 주교로서 해야 할 하느님의 일이 많은데 감옥에 갇혀 있어서 그 일을 할 수 없다는 생각에 짓눌려 밤잠을 이루지 못하였다. 그런데 어느 날, 한 목소리가 들려왔다.

"너는 어찌하여 자신을 그렇게 괴롭히느냐? 너는 하느님의 일과 하느님을 식별해야 한다. 네가 지금까지 수행해 왔고 앞으로도 수행하기를 원하는 모든 일들, 사목 방문, 신학생들과 남녀 수도자들과 평신도들 그리고 젊은이들 양성, 학교 설립, 복음화…… 모두 다 훌륭한 일이고 하느님의 일이다. 그러나 그것들이 하느님은 아니다."

그 말씀으로 반 투안 추기경은 내면의 평화를 얻었고, 사고방식이 통째로 바뀌었다.

감옥, 또 하나의 성지

그리스도인은 예수님의 발자취를 체험할 수 있는 예루살렘을 '성지'라고 한다. 좀 더 범위를 넓힌다면, 예수님을 추종한 사도, 교부, 성인, 순교자가 살았고 죽었던 장소나 무덤이 있는 곳 역시 성지라 여긴다. 그러나 넓게 생각하면 어디나 성지가 될 수 있다.

반 투안 추기경에게는 하느님을 만나고 체험했으며 절망 속에서도 희망을 포기하지 않은 감옥이 곧 성지였다.

감옥에서 바오로 사도가 공동체에 편지를 보내어 가르쳤듯이, 그는 신자들에게 희망의 글을 써서 보냈다. 종교가 금지되고 교회가 문을 닫은 상태에서, 그는 성경 말씀을 읽고 기도하고 묵상한 다음, 그 내용을 정리하여 7살짜리 어린이가 전해준 달력 종이에 적었다.

그 어린이를 통해 반출된 글은 가족들에 의해 필사되어

주위에 전달되었다. 그리하여 베트남 신자들에게 큰 희망을 주었다.

수감 생활 중에 위장약인 양 꾸며서 들여온 포도주와 습기 제거용 등잔 속에 감추어서 반입한 제병으로 감옥에서 몰래 봉헌한 미사는 수감된 가톨릭 신자들과 자신에게 큰 위로와 버팀목이 되었다.

위대한 교부 오리게네스의 말씀대로,

"우리에게는 특별한 장소가 아니라 우리의 일상에서 성지를 발견하는 것이 필요하다. 만일 우리가 하느님 때문에 존재하고 하느님의 계명을 따른다면, …… 우리가 지금 이 순간 하느님 말씀에 봉사하고 있다면 우리는 성지에 있는 것과 같다."

지금이 가장 아름다운 순간

톨스토이는 자주 다음 세 가지 질문을 자신에게 던졌다고 한다.

첫째, 일생 중 가장 중요한 때는 언제인가?

둘째, 가장 중요한 사람은 누구인가?

셋째, 가장 중요한 일은 무엇인가?

이 질문에 대해서 이렇게 대답했다고 한다. 가장 중요한 때는 바로 지금이고, 가장 중요한 사람은 지금 만나고 있는 사람이며, 가장 중요한 일은 지금 하고 있는 일이다.

이 세상에는 세 가지 금이 있다고 한다. 부를 상징하는 황금, 생명을 지켜주는 소금, 그리고 현재라는 지금이 그것이다. 이 중에서 가장 소중한 것은 지금이다.

반 투안 추기경은 자신이 쓴 책에서

"그대에게 가장 아름다운 유일한 순간은 현재다. 현재를 하느님의 사랑 안에서 온전하게 살라!"

고 권유하였다. 그리고 자기 스스로 이렇게 다짐하였다.

"나는 기다리지 않으리라. 나는 현재의 매순간을 사랑으로 가득 채우면서 살아가리라."

매일 매순간을 삶의 마지막 날이요 마지막 순간으로 여기고 살아간다면, 사도 바오로처럼 부수적인 것은 모두 떨쳐버리고 오로지 핵심적인 것에만 집중하게 될 것이다. 말 한 마디, 손짓 한 번, 전화 한 차례, 결정 한 가지. 그 하나하나가 모두 삶의 가장 아름다운 순간이다.

반 투안 추기경은 하느님이 허락하시고 선물로 주신 순간들을 가장 아름다운 시간으로 받아들였다. 그러했기에 감옥 생활이 주는 절망과 고통 속에서도 다른 이들에게 복음이라는 희망과 기쁨을 줄 수 있었다.

그는 바위에서도 샘이 솟게 하시는 하느님을 굳게 믿고, 처절히 버림받은 채 혹독한 고통의 십자가를 짊어지신 예수님과 하나가 됨으로써 이 시대에 빛나는 희망의 증인이 되었다.

반 투안 추기경의 장례미사 때 교황 요한 바오로 2세의 고별사가 그것을 증명한다.

"그는 우리를 떠났습니다. 그러나 그 삶의 모범은 남아 있습니다. 그는 죽은 것이 아니라, 다만 석양이 없는 영원한 시간 속으로 들어간 것입니다. 이 믿음은 오늘 우리를 위로해주고 기쁨을 온몸으로 확산시켜 줍니다."

3장

※

세상을 향하여

07

시대를 쇄신한 평화의 순례자

| 교황 요한 23세 |

Joannes XXIII (1881-1963)

본명_ 안젤로 주세페 론칼리 (Angelo Giuseppe Roncalli)

어느 날, 비서가 급히 기도실의 문을 두드렸다.

"성하, 죄송하지만……."

매우 다급한 얼굴이었다. 요한 23세는 기도를 멈추고 일어섰다.

비서는 책상 위에 몇 장의 사진을 펼쳐놓으며 말했다.

"아군 정찰기가 찍은 사진입니다. 최근에 소련이 쿠바에 설치한 미사일 발사대랍니다."

요한 23세는 심각한 얼굴로 사진을 들여다보았다. 최근 미국과 소련의 군사적 긴장감이 부쩍 팽팽해진 것이다.

비서가 다시 말했다.

"문제는, 지금 현재 핵미사일을 실은 소련 선박 25척이 쿠바로 가고 있습니다."

소련의 핵미사일은 미국을 겨냥한 것이었다. 쿠바가 혁명을 통해 사회주의국가가 되면서 미국은 엄청난 위기에 처한 것이다.

요한 23세가 물었다.

"케네디 대통령은 어떤 반응을 보이고 있소? 그 분은 미국

최초의 가톨릭 출신 대통령이신데……."

"몹시 당황하고 있습니다. 텔레비전을 통해 최후통첩을 발표했다고 합니다. 소련이 함대를 철수하지 않으면 전쟁을 선포하겠죠."

비서의 말대로, 미국과 소련 사이의 전면적인 핵전쟁은 시간 문제였다.

요한 23세는 비장한 얼굴로 말했다.

"그런 상황은 절대로 막아야 하오."

"성하, 시간이 없습니다. 케네디 대통령은 이미 핵 항공모함에 출항 명령을 내렸다고 합니다."

요한 23세는 입술을 지그시 깨물며 무척 당혹스러워했다.

"미국이 최후통첩하면서 소련에게 함대 철수 기한을 언제까지로 못 박았소?"

"그게……, 24시간입니다. 하루도 남지 않았습니다."

비서의 말의 요한 23세는 깜짝 놀라 되물었다.

"24시간? 그럼 그 후에는?"

"미국 국방부에 따르면, 미국이 소련을 먼저 공격하면 예상 사망자 수가 12억 정도일 거라고 합니다.”

“그럼 소련이 맞대응을 한다면?”

“소련이 반격을 하면 사망자 수는 두 배로 늘어나겠지요.”

요한 23세의 입에서 긴 신음소리가 흘러 나왔다. 24억의 인구가 사망한다는 것은 전체 인류의 절반이 사라진다는 얘기였다.

그날 저녁, 요한 23세는 텔레비전 앞에 앉았다.

미국 케네디 대통령과 소련 흐루시초프 서기장, 쿠바 카스트로 의장의 얼굴이 차례로 비쳤다. 이어서 미국이 해상 봉쇄선을 쳐서 핵탄두가 쿠바로 들어가는 것을 막는 장면이 보였다. 소련 함대가 봉쇄선을 뚫으려 할 경우 전쟁은 바로 시작될 것이었다.

그 순간 전화벨이 울렸다. 잠시 후 비서가 전화 내용을 전했다.

“성하, 커즌스 미국대사의 전화입니다. 좋은 소식입니다. 케네디 대통령이 소련 측에 협상을 제안했다고 합니다.”

“오호, 그래요? 어떤 내용이랍니까?”

"소련 함대가 철수하면 미국 함대도 철수하겠답니다. 소련 역시 같은 요구를 해왔답니다."

그 순간 요한 23세의 눈이 반짝 빛났다.

"교황청이 나서서 문제를 해결해 봅시다. 우리가 중재해서 미소 양국에 동시 철수 제안을 하면 되지 않소."

그러나 그때 소련의 주교들로부터 전문이 왔다.

"소련의 주교들은 교황청이 미국을 지지하기를 바라고 있습니다. 소련 당국의 종교 탄압에서 해방될 수 있는 유일한 기회라면서요."

요한 23세는 홀로 기도실에 들어갔다. 소련 주교들의 요청에 어떤 답을 할 것인가. 예상치 못한 장애물이었다.

'오라 에트 라보라.' ('기도하라. 그리고 일하라')

그는 최후통첩 마감 시한을 4시간 앞두고, 기도실에서 나왔다. 그리고 기자회견을 열어, 자신의 결정을 차분한 목소리로 낭독했다.

"지상의 힘 있는 자들은 가슴에 손을 얹고 다수의 절규를 들어야 할 것입니다. 무구한 어린이들 그리고 노인들, 개인

과 공동체, 그들의 외침이 천국에 이르고 있습니다. 평화, 평화입니다. 세계의 지도자들께 애원하노니 인류의 울부짖음에 귀를 막지 마시고, 끔찍한 전쟁의 공포를 피해주기 바랍니다. 전쟁의 끔직한 결과는 아무도 예상할 수 없습니다."

요한 23세의 목소리는 전파를 타고 전 세계에 울려 퍼졌다.

그는 기자회견을 마치고 주교들과 함께 기도실로 들어갔다. 그리고 미소 양국의 정상들로부터 답변이 오기를 기다렸다.

길고 긴 침묵의 시간 끝에, 드디어 전화벨이 울렸다. 그리고 기도실로 뛰어오는 비서의 발자국 소리가 그의 가슴을 두드렸다.

"성하, 성공입니다. 케네디 대통령과 흐루시초프 서기장이 동시 철수에 합의했답니다."

그 소리에 요한 23세는 길게 안도의 숨을 내쉬며, 가만히 기도대에 무릎 꿇고, 묵주에 길고 긴 입맞춤을 했다.

존경 받기 위해 사제가 된 것이 아니다

1881년 이탈리아 베르가모의 한 가난한 소작농이 첫아들을 낳았다. 아이의 이름은 안젤로 론칼리. 천성이 검소하고 순박했으며, 머리도 영리했다. 하지만 집안 형편 때문에 공부를 할 수 없었다.

그것을 안타깝게 여긴 본당 신부는 아이를 위해 도움의 손길을 내밀었다. 주변 사람들에게 부탁하여 안젤로 론칼리의 학비를 해결해준 것이다.

안젤로 론칼리는 어렵사리 소신학교에 입학했고, 대신학교를 거쳐서 23살에 사제로 서품되었다.

론칼리 신부는 성 베드로 대성당 지하에 있는 성 베드로 사도의 무덤 앞에서 첫 미사를 드리면서 이런 다짐을 되새겼다.

'나는 존경 받기 위해서 사제가 된 것이 아니다. 돈이나 안락함, 명성이나 쾌락을 얻기 위함은 더더욱 아니다. 나는 오직 가난한 사람들에게 선을 행하기 위해서 사제가 된 것이다.'

론칼리 신부는 교회법을 연구하여 박사 학위를 받은 다음 베르가모 교구에서 교구장 비서와 신학교의 교수로 일했다. 그 후 불가리아 주재 교황대사로 임명되면서 주교품을 받았다. 그 뒤로 그리스와 터키에서 교황대사로 20년 동안 일했다.

그 시기에 론칼리 주교는 가톨릭 교회가 소수인 지역에서 약자의 처지를 체험하면서 권위와 힘이 아니라 겸손과 진실로 사람을 대하는 법을 배웠다. 그리고 갈라진 그리스도교의 현실을 피부로 느끼면서 교회 일치에 대한 간절한 열망을 갖게 되었다.

그는 교회를 대표하는 외교관으로서 어디서나 온후한 성격과 뛰어난 유머 감각, 재치와 인내로 많은 사람들에게 좋은 인상을 심어주었다.

2차 세계대전이 막바지에 이른 1944년에는 프랑스 주재 교황대사에 임명되었다. 그때 교회와 정부 사이에 갈등이 생겼다. 2차 세계대전 와중에 프랑스가 독일에 점령당했다가 해방되면서, 나치에 협조한 프랑스 주교들에 대한 처리 문제가 사회적으로 큰 이슈가 된 것이다.

론칼리 주교는 지혜롭고 유연하게 대처했다. 철저한 조사를 거쳐 나치에 협력한 주교들을 퇴진시켰다. 그리고 프랑스군에 붙잡힌 독일군 포로들 가운데 1천여 명 가까운 신학생들을 구제했다.

그런 큰일들을 순조롭게 합리적으로 처리하면서 그는 일약 교계의 주목을 받는 거목으로 성장했다. 1953년에는 추기경에 서임되면서 베네치아 교구장에 임명되었다.

현대 세계를 위해서 무엇을 할 것인가

1958년 10월, 비오 12세 교황이 선종했다. 비오 12세는 개인주의, 자유주의와 같은 사회변화의 흐름에 맞서 전임 교황들처럼, 교황권을 더욱 강화하고 전통을 굳게 방어하는 정책을 취했다.

추기경들은 새 교황도 같은 성향의 인물이기를 원했다. 그래서 과도기 교황으로 77세 고령의 론칼리 추기경을 선출했다. 그는 당시 교황청의 시각에서 보기에 자질이나 조건으로나 교황에 오를 만한 인물이 아니었다. 단지 젊고 유능

한 교황이 나올 때까지 당분간 현상을 유지하기 위한 대안으로 선택한 인물이었을 뿐이다. 그러나 추기경들의 기대는 보기 좋게 빗나갔다.

론칼리 추기경은 1958년 11월, '요한 23세'라는 이름으로 교황직에 올랐다. 교황이 되자마자 그는 첫 사업부터 추기경들의 기대를 저버렸다. 세상에 대해 방어적 입장을 보이던 교회의 정책을 적극적으로 적응하기 위한 정책으로 바꾸었던 것이다.

새 교황의 머릿속에는 오직 '교회가 현대 세계를 위해 무엇을 할 것인가?'라는 생각뿐이었다.

제2차 바티칸 공의회를 개최하다

1959년 1월 25일, 요한 23세 교황은 추기경들을 초대해 놓고 연설을 했다. 충격적인 연설이었다.

"현 시점에서 교회가 세계의 필요에 부응하기 위해서 세계 공의회를 개최해야 하겠습니다. 이 공의회는 갈라진 형제들과의 일치를 모색하는 자리가 되어야 할 것입니다."

갑작스런 공의회 개최 발언에 놀란 추기경들에게 교황은 늘 하던 대로 웃으면서 연설을 마무리했다.

"성령께서 함께 하실 것입니다. 저는 두려워하지 않습니다. 일에 착수합시다."

교황 요한 23세의 공의회 결심에 추기경들은 다소 차가운 반응을 보였다. 선대 교황들이 잘해 온 만큼, 교회가 구태여 새롭게 변화할 필요는 없지 않느냐고 생각하는 추기경들이 많았던 것이다. 심지어 몇몇 추기경들은 고령인 요한 23세가 서거하면 공의회가 자연스럽게 취소되리라는 생각에서 공의회 개최를 의도적으로 지연시키려 애쓰기도 했다. 그러나 교황은 공의회를 계획대로 밀고 나갔다.

교회는 시대의 요구에 적응하고 세상을 향해 자신을 열어야 하며, 이러한 과제를 해결할 때 갈라진 형제들과의 일치도 가능할 것이라고 역설했다.

그리하여 1962년 10월 11일, '적응'과 '일치'를 목표로 제2차 바티칸 공의회가 시작되었다.

그런데 공교롭게도 요한 23세는 공의회 첫 회기가 끝날 무렵에 위암 진단을 받았다. 그리고 두 번째 회기에는 모습을 드러내지 못했다. 개회를 앞둔 1963년 6월 3일에 선종한 것이다.

요한 23세는 선종 직전까지도 유머를 잃지 않았다고 한다. 한 보좌관이 눈물을 흘리며

"교황님의 삶은 오늘이 마지막입니다. 이제 천국으로 가셔서 하느님 옆에 계시게 되었습니다!"

라고 말하자, 요한 23세는 태연한 목소리로

"그렇게 기쁜 소식을 들려주면서 왜 우느냐?"

라고 응수했다는 것이다.

시대의 긴급한 요구에 적응하라

요한 23세는 시대의 긴급한 요구에 전적으로 부응하려고 노력하였다. 사회와의 소통을 가로막는 것은 교회의 제도건 관습이건, 그것을 바로 잡기 위한 조치를 어김없이 실행했다.

오래 동안 교황청이 고수해 왔던 중앙집권적이고 전제주

의적인 통치방식을 과감하게 탈피하고자 했다. 그 조치로 교황직과 수위권(교황이 전 세계 가톨릭교회의 규율, 정치, 신앙, 도덕 문제 들을 관할하는 절대권)을 동료 주교들의 단체성과 연계시켰고, 많은 권한을 주교들에게 위임하였다.

그리고 선교를 위해 파견 지역에서는 교회가 유럽중심주의에서 벗어나 다양한 문화를 인정하고 적응해야 한다고 역설하며, 현지인이 교계제도를 설정해야 한다는 원칙을 세웠다.

또한 추기경 수를 늘리고, 로마 교구회의와 공의회를 개최했으며, 교회법을 개정하기 위한 위원회를 신설했다. 그 과정에서 요한 23세는 선대 교황들의 귀족적이고 권위적인 면모와는 대조적인 검소함과 겸손함을 보여주었다.

다른 종파들과 대화하라

이전의 교황들은 동방정교회, 개신교, 성공회 등을 이단으로 단죄하는 입장을 고수했다. 반면에, 요한 23세는 그들을 '갈라진 형제'로 인정하고 받아들였다.

그런 그의 뜻에 따라 가톨릭교회의 신학자들과 동방 정교
회의 신학자들이 1959년 8월에 로데스에서 모임을 가졌다.
1960년 6월에는 그리스도교 일치 추진위원회 사무국이 설
립되고, 베아 추기경이 의장에 임명되었다. 또한 교황청 사
절단이 이스탄불에 파견되어 콘스탄티노폴리스 총대주교인
아테나고라스를 만났다. 그리고 1961년 11월에는 개신교 협
의체인 세계교회협의회(WCC) 뉴델리 회의에 처음으로 베아
추기경과 5명의 위원이 가톨릭을 대표해서 참석하였다.

그렇게 꾸준히 다른 종파들과 화해를 추진한 결과, 훗날
교황 요한 바오로 2세는 동방정교회와의 화해라는 첫 결실
을 맺었다.

세계 평화의 사도

교황 요한 23세는 타고난 자질과 오랜 경험에서 우러나오
는 유연하고 융통성 있는 외교로 공산주의 국가들과도 비교
적 좋은 관계를 맺었다.

노골적으로 종교 반대정책을 펼치던 소련과 비밀 협상을

벌여 당시 시베리아에 유배되어 있던 우크라이나 관구장 요시프 슬리피 대주교를 석방하게 만들었다. 그리고 냉전시대의 상처 중 하나인 베를린 위기(베를린 장벽이 설치되면서 서독과 동독의 감정 대립이 더 치열해짐)와 알제리 문제(프랑스가 알제리 독립군을 무력을 앞세워 학살한 사건), 쿠바 문제(쿠바가 혁명을 통해 사회주의국가가 된 사건)를 거론하여 평화적인 해결을 촉구했다.

또한 교황 요한 23세는 미국과 소련 사이에 핵전쟁이 일어날 수도 있는 일촉즉발의 위기상황에서 미국의 케네디 대통령과 소련의 흐루시초프 서기장을 설득하여 핵전쟁을 막는 데 큰 역할을 했다.

그는 1963년에 회칙 〈지상의 평화(Pacem in Terris)〉를 발표했다. 회칙에는 '모든 시대의 인류가 깊이 갈망하는 지상의 평화를 이루자'(제1항)는 내용이 담겨 있다. 이 회칙이 탄생한 배경은 당시에 세계적인 이념 분쟁으로 전쟁 위험이 항상 도사리고 있었기 때문이다.

요한 23세는 스스로 고백했듯이, 십자가에 달려 넓게 벌

리신 예수님의 팔을 자기 교황직의 이상으로 삼고, 예수님처럼 겸손하고 소박하게 살면서 모든 사람을 사랑하려고 노력했다.

주변의 반대를 무릅쓰고 바티칸을 나와서 고아원과 교도소를 찾아가는 모습은 교황의 이미지를 그때까지와는 다르게 권위적이지 않고 착한 목자 같은 면모로 변화시켰다. 그러면서도 옛것에 바탕을 두고 새로워지려는 의지로 충만했기에 그는 당시의 교회와 세계에 새로운 바람을 불러일으켰다.

한편으로 요한 23세 스스로 정의와 평화를 위해 적극적으로 참여함으로써 '행동하는 신앙인' 의 면모를 보여주었다.

교황 요한 23세는 자신의 삶과 업적을 통해서 교회가 세상을 복음화하기 위해 끊임없이 쇄신되어야 함을 몸소 보여준 우리 시대의 예언자였다.

08

엘살바도르의 세례자 요한

| 로메로 대주교 |

Oscar Arnulfo Romero (1917-1980)

1977년 2월, 로메로 주교가 산살바도르 대주교로 임명되던 날. 가까운 신도들이 찾아와 축하 인사를 건넸다.

"대주교님. 축하드립니다. 우리 대교구를 잘 이끌어 주세요."

웃으며 축하를 받긴 했지만 그는 마음이 무거웠다. 엘살바도르의 현실이 너무나 어두웠기 때문이다. 그는 알고 있었다. 여러 주교들 가운데 왜 자신이 선택되었는지. 대주교 선출을 앞두고, 엘살바도르 지배층의 교회에 대한 생각은 이런 것이었다.

'말썽 많은 사람이 대주교가 되어선 안 된다. 대주교는 사회 지도층 인사인데, 당연히 우리 편이어야 하지. 그런 면에서 로메로 주교는 무리한 선택은 하지 않을 사람이야.'

반면에 독재정부를 비판하는 사회단체와 교회 내 젊은 성직자들은 이렇게 생각했다.

'우리는 로메로 주교가 독재정권에 맞서 싸울 용기가 있는 사람이라는 말은 듣지 못했다. 그는 신앙인으로서 용기를 보여줘야 한다. 우리는 그가 국민들의 외침에 귀 기울이기를 바랄 뿐이다.'

젊은 성직자들의 말대로, 로메로 대주교는 조용하고 학구적인 성격에, 독재정부를 비판하지 않고 경건하고 보수적인 태도를 보여 왔다. 그런 그가 대주교로서 어떤 행보를 보일지는, 지배층과 사회단체 양쪽의 초미의 관심사였다.

그런데 대주교 취임한지 불과 20일 후. 그의 삶을 뒤바꿔 놓은 사건이 터졌다. 그의 오랜 친구이자 인권운동가인 루틸리오 그란데 신부가 노인, 소년과 함께 살해당한 것이다.

그 사건은 로메로 대주교의 정의를 향한 복음 정신을 깨웠다. 그는 세 사람의 장례 미사에서 이렇게 강론했다.

"살인한 형제들이여. 당신들에게 말하노니, 우리는 당신들을 사랑하며 하느님께 당신들을 대신하여 참회를 빈다. 왜냐하면 교회는 그 누구도 증오할 수 없으며 어떤 적도 두어서는 안 되기 때문이다."

그 뒤로 로메로 대주교는 가난하고 억압받는 사람들 편에 섰다. 독재정권이 그런 그를 곱게 놔둘 리 없었다. 그들은 공공연하게 로메로 대주교를 향해 사나운 이빨을 드러냈다. 그러나 살해 위협이 거듭될수록 그는 자신의 소명을 확실히

깨달았고, 더욱 담대해졌다. 그는 골리앗에 맞섰던 다윗처럼 독재정권을 향해 돌을 던졌다.

"고통 받는 사람들의 울부짖음과 외침이 하느님을 향해 올라가고, 날마다 더욱 커져갑니다. 나는 당신들에게 애원합니다. 나는 하느님의 이름으로 당신들에게 명령합니다. 탄압을 중단하시오!"

그러나 엘살바도르 독재정권은 그의 말을 무시하고, 은밀하고 주도면밀하게 그를 못 박을 십자가를 준비했다.

마침내 운명의 날, 1980년 3월 24일. 로메로 대주교는 산살바도르 성당에서 미사를 집전했다.

"죄 없는 사람들을 학살하라는 명령은 '하느님의 이름으로' 거부하시오!"

그 순간 성당에 괴한들이 난입했다. 이어서 괴한이 쏜 흉탄이 로메로 대주교의 가슴에 박혔다. 사람들은 눈물로 로메로 대주교를 떠나보냈다. 그러나 그것은 패배의 눈물이 아니었다. 죽음 속에서도 희망은 꺾이지 않았다. 오히려 눈물은 사람들의 움츠린 가슴을 녹이고 희망의 꽃을 피워냈다.

책상물림 성직자

오스카 로메로는 1917년 8월에 엘살바도르의 산미구엘에서 태어났다. 일찍이 사제가 되기로 결심한 그는 1930년에 클라라 수녀회에서 운영하는 소신학교에 입학했고, 1937년에 예수회가 운영하는 산살바도르의 대신학교에 진학했다. 그리고 로마로 유학을 떠나 그레고리오 대학에서 신학을 공부했다.

로마에서 공부할 때 그는 파시즘과 나치즘을 앞장서서 반대한 비오 11세 교황에게서 깊은 감명을 받았다.

1942년 성 베드로 대성당에서 사제로 서품된 그는 엘살바도르로 귀국한 뒤 산미구엘 교구의 교구장 비서로 임명되어 사제 생활을 시작했다.

이후 산미구엘 교구 신문의 편집장, 주교좌 성당의 주임 신부, 소신학교 교장 등 여러 소임을 받아 성실하게 사제 생활을 하였다. 그리고 1967년에 주교에 서임되었다.

주교 서임과 더불어 엘살바도르 주교회의 사무총장에 선임되었고, 이듬해에는 중앙아메리카 주교회의 사무국의 상

임서기로 선출되었다. 그리고 1970년에 산살바도르 대교구의 보좌주교에 임명되었고, 1974년에 산티아고 데 마리아교구의 교구장이 되었다. 이때까지만 해도 그는 신학 지식이 풍부한, 그러나 전형적인 책상물림에 불과한 성직자였다.

평화로운 중립은 없다

1977년에 로메로는 엘살바도르에서 가장 큰 교구인 산살바도르 대교구의 교구장에 임명되었는데, 그것이 그에게 삶의 전환 계기가 되었다.

당시 엘살바도르에서는 정치적 불의, 특히 노동자와 농민들에 대한 억압과 착취가 극에 달해 있었고, 그것에 저항하는 민중들의 투쟁이 끊임없이 이어졌다.

그런데, 그가 대교구장에 오른 지 불과 20여 일 지난 어느 날 예수회 소속의 사제 1명과 농민 2명이 피살된 사건이 일어났다. 그 사건은 로메로 대주교가 이른바 '회개' 혹은 '전향'을 하는 계기가 되었다.

그때까지 로메로는 평화로운 중립을 추구하는 편이었는

데, 평화로운 중립이란 것이 결국에는 부패한 권력에게 보내는 아부에 지나지 않았음을 뼈저리게 느낀 것이다.

그 순간까지 그는 현실참여적인 그리스도인들을 부정적으로 보던 보수적인 성직자였다. 그러나 선량한 성직자와 농민의 주검 앞에서 그의 독재정부에 대한 시각은 돌변했다.

당시 교황 요한 바오로 2세에게 보낸 편지를 보면, 그가 '전향'이라는 말에 대해서 굳게 확신하게 되었음을 알 수 있다.

로메로 대주교는 새삼스럽게 제2차 바티칸 공의회 문헌과 라틴 아메리카 주교회의 문헌, 그리고 메델린 문헌(1968), 푸에블라 선언(1979), 교황 바오로 6세의 사도적 권고인 〈현대의 복음선교〉 등을 연구했다. 사회를 향한 교회의 가르침들을 제시하는 문헌들이었다. 그리고 그 문헌들이 제시하는 가르침들에 비추어서 라틴 아메리카의 정치적·경제적·사회적 현실을 해석했다. 그는 '우리는 구원을 추구하면서 현세적 임무를 성덕과 성화에서 분리하는 이원론을 피해야 한다.'라는 메델린 문헌의 가르침에 주목했다.

로메로 대주교는 이러한 결론을 내렸다.

'죽음 저편뿐만 아니라 여기 땅 위에서도 구원을 가져오는 하나의 교회가 되기 위해서는 국가의 반민중적 정책이며 권력과 부를 움켜진 자들의 횡포에 맞설 수밖에 없다'

그 뒤로 그는 언론, 사목교서, 미사, 그밖에 가능한 모든 수단을 동원해서 불의한 세력에 의해 자행되는 살인과 고문, 억압과 착취를 고발하고 규탄했다. 그리고 민중을 향해 '평화와 용서를 추구하며 더욱 정의로운 사회를 건설하라'고, 그것을 위해서 모든 불의에 대항할 것과, 무죄한 사람들을 학살하라는 명령을 '하느님의 이름으로 거부하라'고 촉구했다.

"하느님의 교회인 민중은 영원하다"

로메로 대주교의 활동은 세계에 널리 알려졌고, 1979년에 영국의 일부 국회의원들은 그를 노벨 평화상 후보로 추천했다.

그러나 엘살바도르 안에서는 로메로 대주교의 활동이 자

연스럽게 권력과 무력을 지닌 지배층들 사이에서 격렬한 반발을 불러일으켰다. 그들 불의한 세력은 수시로 로메로 대주교에게 협박과 위협을 가해 왔고, 그들에 맞서 그는 이렇게 말했다.

"나는 자주 죽음의 위협을 느낍니다. 그러나 그들이 나를 죽이면 나는 엘살바도르 국민들의 가슴에서 다시 살아날 것입니다. 내가 흘린 피는 자유의 씨앗이 될 것이고, 희망이 곧 실현되리라는 신호가 될 것입니다. 사제 한 사람은 죽을지 몰라도 하느님의 교회인 민중은 영원히 죽지 않을 것입니다."

이 같은 로메로 대주교의 예감과 예언은 곧 현실이 되었다. 1980년 3월 24일, 엘살바도르의 산살바도르 병원에 있는 하느님의 섭리 소성당에서 로메로 대주교는 미사를 봉헌했다.

강론을 통해서 그는 여느 때와 다름없이 불의를 비난하고 정의 실천을 호소했다. 이어서 미사를 봉헌할 때, 느닷없이 무장 괴한 4명이 들어오더니 그에게 총격을 가했다.

로메로 대주교는 그 자리에서 절명했다. 그렇지만 그것으로 불의의 세력이 원하던 것이 이루어진 것은 아니었다. 오히려 로메로 대주교의 죽음은 엘살바도르에서 자유와 해방을 위한 내전을 더욱 촉발시켰고, 그것은 1992년에 UN의 중재로 끝날 때까지 계속되었다.

로메로 대주교에 의해 "밀알 하나가 땅에 떨어져 죽지 않으면 한 알 그대로 남고, 죽으면 많은 열매를 맺는다."라는 성경말씀(요한 12,24)이 실현된 것이다.

예언자가 순교하는 이유

로메로 대주교는 풍부한 신학 지식을 가진 사목자였다. 또한 그는 엘살바도르의 가난하고 억압받는 이들에게 복음의 빛을 비추기 위해 암울하고 절망한 현실이 요구하는 바를 증거한 순교자였다.

사실, 지난 500년 동안 라틴 아메리카 지역에서 지배와 착취, 억압과 폭력, 부와 자본주의 경제체제가 지속되어 왔지만 가톨릭교회는 하느님의 정의를 실천하는 예언자적 역할에 소홀했다.

그런데 엘살바도르에서 한 대주교의 '전향'으로 말미암아 그 부끄러운 역사에 변화가 일기 시작했다. 가톨릭교회가 어떤 희생을 치르더라도 가난한 이들을 먼저 생각하는 교회로 변화하는 계기가 로메로 대주교에 의해 생긴 것이다. 그런 점에서 로메로 대주교는 저명한 신학자 소브리노(J. Sobrino)의 말대로 "살아서는 목소리 없는 이들의 목소리요, 죽어서는 이름 없는 이들의 이름"인 셈이다.

로메로 대주교의 죽음은 어찌 보면 예견된 것이었다. '광야에서 외치는 이의 소리'로 불리던 세례자 요한이 히로데 왕의 부패를 과감하게 지적하고 회개를 촉구했을 때, 자신의 죽음이 예견된 것처럼. 악의 세력은 으레 인권과 정의를 외치는 예언자를 가만두지 않고 수순에 따라 제거하려 들기 때문이다.

오늘날 우리 주변에서도 목숨을 내놓고 불의에 맞서 싸워야 할 용기, 그리고 양심에 따라 행동해야 할 결단의 순간이 수시로 발생한다.

우리가 그리스도인으로서 복음을 선포하고 실천하고자 한다면 어떤 상황에서든 예언자의 사명을 수행해야 한다. 그런 상황에 놓였을 때 예언자이기를 포기하고 불의와 모순 앞에서 침묵한다면 그는 삶을 편하게 살 수 있다. 그러나 포기하는 순간부터 그는, 그리고 교회는 타락하기 시작한다. 이것이 바로 예언자는 순교자여야 하며, 순교자가 될 수밖에 없는 이유다.

삶의 현장을 기쁨으로 바꾸는 것이 복음화

로메로 대주교는 교회 문헌들에 담겨 있는 신학적 영감을 엘살바도르의 구체적인 현실에 적용하여 구체화한 인물로 평가된다.

그에게 있어서 참된 복음 선포는 '사회적·경제적·정치적인 모든 면에서 온 나라를 복음화' 하는 것이었다. 그리고 복음화란 현세적 측면과 초월적 측면, 개인적 측면과 사회적 측면, 전례적 측면과 교육적 측면 등 모든 국면에서 어느 것 하나 소홀히 다루지 않고, 교회의 삶 전반을 통해서 표현

되어야 하는 것이었다.

무엇보다도 중요한 일은 말씀을 선포하고 실현하는 것, 즉 사람들에게 기쁜 소식을 전하고, 삶의 현장 자체를 기쁜 현실로 변화시키는 것이다. 그것을 위해 로메로 대주교는 예언자답게 악을 거부하고 공공연하게 고발했으며, 정의를 바로 세울 것을 강력하게 촉구했다.

로메로 대주교는 사람들을 향해 '하느님의 법에 어긋나는 명령을 내리지도 말고 불의를 '하느님의 이름으로' 받아들이지도 말라'고 호소했다. 그러면서 자신이 먼저 정의를 실현하고자 스스로 온 몸을 던졌다. 그것이 바로 기쁜 소식의 선포였다.

"진리를 말하기 위해서,
죄를 고발하기 위해서,
죄악을 뿌리 뽑기 위해서
교회는 반드시 고난을 겪어야 합니다."

09

최초의 선교사, 이방인들의 사도

| 바오로 사도 |

나는 내가 옳다고 생각한 것을 실행하기 위해서는 물불을 안 가리는 사람입니다. 그런데 대사제에게서 예수쟁이들을 잡아들일 권한과 위임을 받아 가지고 다마스쿠스로 내려가고 있을 때에 주님이 길목에 나타나셨습니다.

나는 한낮에 하늘에서 번쩍이는 빛을 보았습니다. 그 빛은 해보다 더 눈부시게 번쩍이면서 나는 땅바닥에 고꾸라지고 말았습니다. 그 분은 빛으로서 오신 빛 자체였습니다. 마음이 혼란스러웠지만 서서히 마음이 아주 평화로워지면서 깨달았습니다. 바로 내가 찾던 그 분이시라는 것을. 나는 그 분을 찾고 있었습니다.

나는 난지 여드레 만에 할례를 받았고 이스라엘 백성이며 베냐민 지파로서 히브리 사람 중의 히브리 사람입니다. 율법으로 말하면 나는 그 존경받는 바리사이파 사람이며 열성으로 말하면 교회를 박해하던 자입니다. 아마 율법을 지킴으로써 올바른 사람으로 인정을 받는 다면 나는 조금도 흠이 없는 사람이라고 자처하고 있었습니다.

나는 어디서든지 나의 이 자랑스러운 신분을 보물로 내세울 수 있었는데, 바로 이 보물에 눈이 멀어 나도 모르게 하느님을 거역하고 있었습니다. 하느님을 원하면서도 나의 삶의 중심은 내가 갖고 있는 것, 진리라고 믿고 있는 것, 보물이라고 믿고 있는 것 그것 뿐이었습니다.

나는 남이 볼 때는 조금도 흠이 없는 올바른 사람이었지만, 나의 내심의 깊은 애착은 아버지이시며 창조주이신 하느님을 알아 볼 수 없게 만들었습니다.

이 때 하느님께서 전격적으로 나에게 나타나신 것입니다. 나는 내 힘으로, 나를 올바르게 인도해준다고 믿은 법대로 살았습니다. 그래서 내 자신이 얼마나 불쌍한 사람인지, 내가 가치 있는 존재여서가 아니라 하느님의 사랑에 찬 자비로 내가 살아가고 있었음을 잊고 있었습니다.

얼마나 무서운 착각인지요. 예수께서 "왜 나를 박해하느냐?" 하고 물었을 때 제가 받은 충격을 상상이나 할 수 있겠습니까? 나는 바로 그 순간에 내가 완전히 착각하고 있었음을 깨달았습니다. 너무나 불쌍한 제 자신을 보게 된 것입니다. 내가 딛고 서 있던 땅이 가라앉고 나는 어디에 서 있어

야 할 지 몰랐습니다.

이제 주님은 나더러 이탈하도록 인도하십니다. 엘리트에서 이름 없는 이방인으로, 자유인에서 노예로, 부자에서 가난한 이로, 존경받던 처지에서 박해받는 처지로, 또 당신 때문에 밤낮으로 일하며 헌신하도록 하십니다.

나는 이제 새로운 규범으로 살아갑니다. 전에 그렇게 흠 없이 율법을 지켜서 하느님께 다가가려던 힘들던 투쟁에서 벗어날 수 있게 되었습니다.

나는 이제 나의 연약함을 알게 되었고 어린아이처럼 평화롭게 나를 주님의 손에 기꺼이 맡깁니다. 나는 그 어느 때보다 고통도 많으나 아주 기쁘고 평화롭습니다. "지금 내가 사는 것은 나를 사랑하시고 또 나를 위해서 당신의 몸을 내어 주신 하느님의 아들을 믿는 믿음으로" 살기 때문입니다.

(갈라 2,20)

이방인의 사도

바오로 사도는 기원후 5~10년 사이(추정)에 독실한 유다교 가정에서 태어났다. 어린 나이에 예루살렘으로 가서 랍비 가믈리엘 문하에서 공부했다.

바오로는 유다인이면서 로마 시민권자였다. 그리스도교로 개종하기 전에는 '사울'이라 불렸으며, 천막 만드는 일을 했다.

철저한 바리사이파 소속이던 바오로는 그리스도인들을 탄압하러 다마스쿠스로 가던 도중에, 환시에서 예수 그리스도를 만났다(34~36년경). 그 때를 계기로 개종하여 열렬한 그리스도인이 되었고 나아가 이방인들에게 복음을 선포하는 사도가 되었다.

이후 3년을 아라비아에서 지낸 뒤 다마스쿠스로 돌아왔고, 39년경에 바르나바의 도움으로 예루살렘에 가서 사도들을 만나 정식으로 그리스도교 공동체에 합류했다. 그 뒤 43년경에 안티오키아로 파견되었다. 이로써 '이방인의 사도'로서 바오로의 선교활동이 시작되었다.

선교 여행

바오로 사도는 세 차례에 걸쳐 선교 여행을 했다.

처음에는 안티오키아에서 출발하여 키프로스 섬을 거쳐 지금의 터키를 지나갔다.

사도들의 예루살렘 회의 후에 시작된 두 번째 여행에서는 다시 터키를 가로지르며 프리기아와 갈라티아에서 복음을 전했다. 이어서 루카와 함께 유럽으로 넘어가서 그리스 남부의 필리피에 교회 공동체를 세웠고, 한동안 옥살이를 한 뒤 그리스에서 계속 복음을 전했다. 아테네에서 좌절을 맛보았으나, 곧 코린토로 가서 공동체를 세운 다음 안티오키아로 돌아왔다.

세 번째 선교 여행에서는 터키 지역의 교회들, 특히 에페소 교회와 그리스 지역의 교회들과 코린토 교회를 두루 살펴보았다.

그 뒤 예루살렘에 왔다가 유다인들에게 붙잡혀 감옥에 갇혔다. 그는 로마 시민임을 주장하며 로마 당국에 항소한 상태로 로마를 향하여 네 번째 여행을 떠났다. 그 여행은 자유인이 아닌 죄수 신분으로 호송되어 가는 것이었다.

바오로 사도는 60년(또는 61년)에 로마에 도착하여 63년경까지 감옥에 갇혀 있었다. 죄수 신분이었지만 다소 자유로운 편이어서 그는 로마의 그리스도인들을 자주 만났고, 옥중 서간들을 썼다.

63년경 감옥에서 일단 풀려났는데, 아마도 그때 스페인 아니면 티모테오와 티토의 공동체를 다녀온 듯하다. 그 후 다시 체포되어 감옥에 갇혔고, 67년경 로마에서 순교했다.

바오로의 일곱 가지 선교 이야기

1. 선교사는 먼저 회개해야 한다

하느님의 율법과 조상들의 전통(갈라 1,14)을 철저히 따르며 성장한 바오로가 다마스쿠스 가까이 이르렀을 때 갑자기 하늘에서 번쩍이는 빛을 보았고 "사울아, 사울아, 왜 나를 박해하느냐?"(사도 9,4)라는 예수님의 음성을 들었다. 그 순간 그는 땅에 엎어졌고, 앞을 못 보게 되었다.

그는 땅에 엎어짐으로써 겸손해졌고, 겸손해졌기에 '율법만 지키면 구원될 수 있다'는 율법주의에서 벗어나 하느님께서 거저로 주시는 은총을 받아들일 수 있게 되었다.

이처럼 선교사는 먼저 회개해야 한다. 눈이 멀었다가 다시 보게 된 것은 돌아가셨다가 다시 부활하신 예수님처럼 '박해자 사울'이 죽고 '선교사 바오로'로 새롭게 태어났음을 뜻한다.

선교사는 바오로처럼 그리스도의 '종'(로마 1,1; 갈라 1,10)이 되어야 하고, 삶과 죽음을 그분께 온전히 바치는 존재가 되어야 한다(로마 14, 8).

2. 전례와 기도에서 힘을 얻다

바오로는 늘 공동체의 전례에 참여했고(사도 20,7), 공동체와 함께 기도했다(사도 21,5). 그리고 기도와 단식으로 교회 지도자들을 격려하고(사도 14,23), 그들을 위해 기도했다(사도 20,36).

복음 선포에서는 무엇보다도 기도와 전례에 전념하는 것

이 중요하다(사도 6,4). 마치 자동차에 연료가 떨어지면 주유소에 가서 다시 채우는 것처럼, 기도는 선교 의지를 북돋워 준다.

선교사가 하느님 말씀을 전하다 지치고 힘이 빠지면 기도를 통해 하느님께 힘을 받아야 한다.

3. 성령께 맡기다

사도행전은 성령께서 바오로의 선교 여행에 늘 함께하셨음을 보여준다. 성령은 임무를 맡기시고(사도 13,2), 선교사들을 파견하시며(사도 13,4), 말을 건네신다(사도 13,9-11). 또한 길을 인도하시고(사도 16,6-7), 환시를 통해서라도 확실한 답을 알려주시며(사도 16,9-10) 용기를 주신다(사도 18,9-10).

성령은 선교하는 이들에게 사랑과 인내, 지혜와 용기를 주시며 어떠한 박해와 고통이라도 이겨낼 힘을 주신다. 이러한 성령을 체험하는 사람은 늘 성령 안에 머물며 성령의 열매들을 맺는다(갈라 5,22).

4. 일하면서 복음을 전하다

바오로 사도는 선교사였을 뿐만 아니라 노동자이기도 했다. 그는 선교 여행과 복음 선포에 필요한 경비를 교회에 의존하지 않고 손수 일을 해서 마련했다. 그는 복음을 전하지 않을 때는 생계비와 활동비를 벌기 위해 노동을 했다(1테살 2,9; 2테살 3,8). 아마도 전에 그의 아버지가 운영하던 공장에서 일한 경험을 살려 천막 만드는 일을 했을 것이다.

말 그대로 복음을 선포하는 노동자인 그에게서 우리는 일하면서 복음을 전하는 삶의 모델을 찾을 수 있다. 그것이 바오로 사도의 선교활동 방식이었다.

신앙인은 누구나 바오로처럼 삶의 현장에서 얼마든지 하느님의 사랑과 진리, 평화와 용서를 증거할 수 있다.

5. 시대의 징표를 식별하다

하느님의 말씀을 전하는 이는 시대의 징표를 올바로 읽어야 한다. 당대 상황과 문화라는 시대적 징표를 이해할 때 비로소 동시대인에게 하느님의 말씀을 제대로 전할 수 있다.

바오로 사도 시대의 상황은 어떠했는가? 떠돌이 철학자와 설교가들이 제국의 길거리에 넘쳐나고 동방에서 온 여러 종교가 도시를 가득 메웠다. 특히 팽배해 있던 그리스 문화는 백성의 갈망을 다 채워줄 수 없었다. 많은 사람이 살 길과 몸 바칠 곳을 애타게 찾고 있었다.

이런 상황에서 바오로 사도는 당시의 사상과 문화를 십분 활용하여 하느님의 말씀을 선포하였다. 예를 들어, 아테네의 작은 언덕인 아레오파고에서 바오로 사도는 지역 시민들이 믿는 "알지 못하는 신"(사도 17, 23)을 소재로 그 신이 바로 하느님이심을 알려주며 선교하였다.

6. 불의에 맞서다

바오로 사도의 선교가 당시 사회에 미친 파문은 매우 컸다. 그는 유다인들에게 죽음의 위협을 받을 정도로 미움을 샀다(사도 13,45; 20,3; 23,21).

이방인들을 받아들이는 문제로 예루살렘 교회와도 갈등을 빚었다(갈라 2,14). 직접 맞서지는 않았지만, 바오로 사도의 선교와 설교는 복음을 내세워 새로운 사회를 제안했다는 점에서 로마 제국과도 부딪쳤다. 그것 때문에 숱한 탄압을 받고 고발당하여 법정에도 서고 여러 차례 감옥에 갇혔다. 그런 고통 속에서도 바오로 사도는 더욱 하느님의 지혜를 체험하면서(1코린 1,21-25) 갈등을 극복하고 완전한 선교사로 성숙해갔다.

사실, 진리와 정의를 실현하기 위해 싸우는 그리스도인은 불의와 부정부패를 저지르는 체제를 고발할 수밖에 없다(로마 1,21-32).

7. 복음을 토착화하다

바오로 사도는 지중해 각지에 자리 잡은 교회 공동체에 복음을 전하는 한 방법으로 편지를 활용했다.

그 편지를 보면, 바오로 사도가 각 공동체의 문화적 전통 속에서 복음이 제대로 이해될 수 있도록 심혈을 기울였음을 알 수 있다. 옥중서간에서는 그리스 문화와 접목시켜 복음을 설명했다. 로마와 갈라티아 신자에게 보낸 편지에서는 유다교와 결합시켰고, 코린토 신자에게는 대도시 변두리의 공동체 생활과 복음을 접목시켜 편지를 보냈다. 그것은 '유다인들 속에서는 유다인처럼 살고, 이방인들 속에서는 이방인처럼 살며 복음을 선포하겠다'는 신념의 실천이었다.

바오로 사도의 선교로 인해서 복음은 이스라엘을 벗어나 세계 곳곳의 이방인들에게 전해지게 되었다.

오늘날에도 복음은 지역 문화 안에서 육화되어야 한다. 그러기 위해서, 복음을 선포하는 선교사는 지역 문화에 대한 이해를 넓히고, 지역 특유의 풍속과 관습을 잘 활용하여야 한다. 동시에 다음 가르침을 늘 염두에 두고 있어야 한다.

"교회가 복음 선교를 한다는 것은 …… 하느님의 말씀과 구원 계획에 반대되는 인간의 판단 기준, 가치관, 관심의 초점, 사상의 동향, 사상의 원천, 생활양식 등에 복음의 힘으로 영향을 미쳐 그것들을 역전시키고 바로잡는 데 있다."

(〈현대의 복음선교〉 19항)

선교는 내 운명

1. 선교는 나눔이다

코끝을 찡하게 만든 영화 한 편이 떠오른다. 〈너는 내 운명〉(2005)이 그것이다. 통속적인 멜로드라마지만 사랑을 운명으로 받아들인 남자 주인공 석중의 진솔한 마음과 애절한 모습을 잊을 수 없다. 사랑을 가볍게 생각하고 이해타산이 빠른 요즘 세상 잣대로 본다면, 에이즈(AIDS)에 걸린 여자를 온갖 장애와 역경을 마다않고 지켜주는 석중의 사랑이 비현실적으로 보이기 마련이다.

신앙인은 하느님의 사랑을 적극적이고 열정적으로 이웃과 나누는 존재이다. 이러한 나눔이 바로 선교이며, 모든 신앙인에게 주어진 사명이요 운명이다. 크나큰 하느님 사랑과 은총을 체험하고 무상으로 받았다면 당연히 그것을 이웃과 조건 없이 나누어야 하지 않을까?

어떤 고난과 역경이 다가와도 우리는 하느님을 세상에 알려야 한다. 이방인의 사도인 바오로 사도는 이렇게 고백한다. "내가 복음을 선포하지 않는다면 나는 참으로 불행할 것입니다."(코린 1서 9, 16)

2. 선교는 소통이다

1) 마리아의 좋은 몫

하느님 사랑과 은총을 이웃과 나누는 선교는 '소통'으로 이루어진다. 소통 혹은 커뮤니케이션은 다양한 차원을 포함한다. 자기 내면에서 시작하여 이웃, 공동체, 그리고 사회와의 대화로 이어진다. 가장 기본적인 소통은 내면에서 일어나는 자기와의 대화이다. 내면의 자아를 대상으로 바라보고 성찰하는 것이다. 즉, 자기 삶을 반성하는 내적 대화이다.

속도에 오염된 우리는 마음에서 우러나는 대화를 좀처럼 드러내지 않는다. 하지만 앞만 보고 질주한다면 얼마나 무서운 결과를 낳는지, 20세기 독일의 유명한 정치사상가 한

나 아렌트의 말을 들어보자.

1960년 예루살렘에서 아히히만에 대한 전범재판이 열렸을 때였다. 아히히만은 나치 히틀러 휘하에서 가장 경제적이고 효율적으로 유대인을 학살하는 방법을 고안했던 자였다. 이 재판에서 아히히만은 '자신은 주어진 일을 양심에 따라 충실히 했을 뿐'이라고 증언했다. 그 말에 큰 충격을 받은 아렌트는 이렇게 결론을 짓는다. "무사유는 평범한 악"이라고. 무사유, 즉 '사고하지 않는 것'은 평범하게 살아가는 우리 모두의 삶 속에 쉽게 깃들 수 있는 악이라는 것이다.

자기와의 대화는 윤리적이고 도덕적인 내면을 일깨워준다. 내면의 대화가 깊어갈 때 '마리아의 좋은 몫(루카 10, 42)'을 취하게 되고, 하느님 말씀을 듣게 된다. 반성과 성찰을 통해 하느님을 마주대하며 그분과 대화할 때 회개와 참회가 이루어져 새로운 자아로 거듭나게 된다. 선교는 무엇보다 이 과정, 다시 말해 '자기복음화'를 이룰 때 비로소 이웃의 복음화로 나아갈 수 있다.

2) 삶의 증거

소통은 이웃과 언어적 혹은 비언어적 방법으로 대화를 촉구한다. 서로 진정한 대화를 나누려면 사랑과 우정, 신뢰와 성실을 바탕으로 '나와 너'라는 수평적 인격 관계로 소통되어야 한다. 그럴 때 비로소 서로의 가치관을 공유할 수 있다.

선교는 자신이 체험한 하느님 사랑이라는 가치관을 이웃과 나누고 공유하는 것이다. 자기복음화된 사람은 하느님을 운명처럼 사랑하는 사람으로 거듭나기 때문에 자발적으로 이웃에게 그분의 사랑을 전한다.

예를 들어, 안드레아나 필립보는 예수님을 체험한 후 각각 시몬과 나타나엘을 찾아가 예수님을 소개하여 그들을 그분의 제자가 되게 한다.(요한 1, 35-51)

가장 효과적인 선교 방법은 "삶의 증거(witness)"이다.(《현대의 복음선교》, 1975, 41항) 자신이 체험한 하느님의 사랑과 은총을 팍팍하고 고통 받는 이웃에게 나눠주고, 혼자 힘으로 생활하기 힘든 장애인 공동체에 찾아가 자원봉사를 하거나, 만나는 사람마다 항상 미소와 함께 따뜻한 사랑을 나눌 때 사람들은 신앙인의 표양에 감명을 받아 하느님을 믿게 된다.

3) 사회복음화

소통의 사회적 차원은 교회와 사회의 관계성으로 이끈다. 교회는 사회를 향해 어떠한 역할을 해야 하는가? 이것은 교회의 선교 사명으로, 사회복음화에 관한 문제이다. 교회가 이 사명을 적극적이고 효과적으로 수행하려면 교회와 사회의 원활한 소통을 실현해야 한다.

교회는 낙태, 사형제도, 생태파괴, 빈부의 양극화, 부정부패 등 죽음의 문화를 고발, 비판하고 정화하여 생명의 문화로 변화시키는 예언자적 노력을 해야 한다.

한 예로, 작년에 개봉한 다큐멘터리 영화 〈용서〉를 들겠다. 내용은 온 사회를 떠들썩하게 했던 희대의 연쇄살인범 유영철에게 가족을 잃고 절망 속에 살아가는 유가족들의 이야기다. 그들은 '용서'란 말로 표현할 수 없는 고통으로 가는 험하고 머나먼 길임을 보여준다. 유영철에게 어머니와 부인, 아들을 잃은 고정원 씨는 온갖 괴로움을 겪으면서도 신앙 안에서 그를 용서할 뿐만 아니라 사형에 반대하는 탄원서를 내기도 한다.

TV나 영화와 같은 미디어가 사회를 향한 교회의 선교에서 사랑과 생명의 문화를 창조하는데 얼마나 커다란 영향을 주는지, 이 영화를 통해 느낄 수 있다.

반면에 교회도 사회가 하는 말에 귀를 기울여야 한다. 교회가 늘 자신을 쇄신하지 못하고 사회통합의 기능을 제대로 수행하지 못한다면, 세상에서 더 이상 빛과 소금의 역할을 할 수 없다.

최근 종교계를 향한 비판의 목소리가 높아지고 있다. 신문, TV, 영화, 인터넷 등 미디어를 통해 종교의 역기능에 대한 비판이 공적 영역에서 거침없이 다루어지고 있다.

교회는 사회가 주는 메시지를 '하느님 백성의 목소리(vox populi)'로 알아듣고 자기복음화될 때 사회복음화를 실현할 수 있다.

3. 운명과 같은 선교

‘데레사 효과(Theresa Effect)’라는 말이 회자되고 있다. 하버드 의과대학에서 실험을 통해 얻은 결과인데, 이 말은 마더 데레사 수녀님의 헌신적인 봉사활동이나 선한 일을 생각하거나 보기만 해도 마음이 착해지고, 우리 몸도 영향을 받아 신체 내에서 바이러스와 싸우는 면역물질이 생긴다는 효과이다. 데레사 수녀님이 전 세계 많은 사람에게 영향을 끼쳐 효과를 냈다. 김수환 추기경도 생전에 큰 어른으로서 삶의 모범을 통해 우리에게 큰 영향을 끼쳤다. 그들처럼 우리도 하느님 사랑과 은총을 이웃과 나눌 때 비로소 ‘데레사 효과’나 ‘김추기경 효과’를 낼 수 있을 것이다. 선교는 그런 효과를 통해서 이루어진다.

하느님 사랑과 이웃 사랑을 자신의 운명으로 받아들이고 열정적으로 실천하는 사람이야말로 시대와 장소를 초월한 선교사이다.

그런 의미에서 앞에 소개된 아홉 분의 성자는 우리에게

선교의 참된 의미와 가치를 알려주며, 이 시대에 선교의 다

양한 모델을 제시해 주고 있다.

선교의 참된 의미와 가치를 알려주며, 이 시대에 선교의 다

양한 모델을 제시해 주고 있다.